Introducción al aprendizaje automático con Orange

José Manuel Casas, Sergio Luis Suárez Gómez, Laura Bonavera y Fernando Sánchez Lasheras

Introducción al aprendizaje automático con Orange

José Manuel Casas, Sergio Luis Suárez Gómez,
Laura Bonavera y Fernando Sánchez Lasheras

Introducción al aprendizaje automático con Orange

© 2024 José Manuel Casas, Sergio Luis Suárez Gómez,
Laura Bonavera y Fernando Sánchez Lasheras

Primera edición, 2024

© 2024 MARCOMBO, S. L.
www.marcombo.com

Ilustración de cubierta: Jotaká
Corrección: Haizea Beitia
Directora de producción: M.ª Rosa Castillo

ISBN: 978-84-267-3825-7
D.L.: B 5644-2024

Impreso en Arteos
Printed in Spain

Libro ecológico
Impreso con papel procedente de bosques gestionados
de manera eficiente, libre de cloro

Contenido

Prólogo

En un mundo donde los datos se han convertido en el activo más valioso, la capacidad para extraer información significativa de ellos es fundamental. En este contexto, Orange Data Mining emerge como una herramienta indispensable, una brújula que guía a los exploradores de datos a través del vasto océano de información.

En este libro, descubrirá el potencial que ofrece Orange Data Mining. Paso a paso aprenderá todas sus capacidades, desde la exploración inicial de conjuntos de datos hasta la creación de modelos predictivos avanzados. Este software de código abierto ofrece un arsenal de herramientas poderosas, todo ello presentado en una interfaz visual intuitiva que facilita el análisis de datos a los menos expertos. A través del enfoque en componentes de este programa, los usuarios podrán construir flujos de trabajo personalizados sin necesidad de codificación, lo que permitirá una exploración ágil y flexible de los datos.

Con Orange Data Mining, las posibilidades son infinitas. Desde la segmentación de clientes hasta el descubrimiento de patrones ocultos, desde la clasificación de imágenes hasta la predicción de resultados futuros, este software se convierte en un compañero imprescindible para cualquier persona interesada en este campo.

A medida que lea este libro, descubrirá las grandes posibilidades que ofrece este programa. Ya sea un novato en el campo de la ciencia de datos o un experto en la materia, estamos seguros de que encontrará en Orange Data Mining el mejor aliado en su viaje hacia el descubrimiento y la comprensión de los datos.

Los autores
Oviedo, marzo de 2024

CAPÍTULO 1
INTRODUCCIÓN A ORANGE Y SU ENTORNO DE TRABAJO

1.1. Introducción

Orange es un paquete de software de programación visual. Consiste en un conjunto de herramientas de visualización de datos, aprendizaje automático, minería y análisis de datos de código abierto. Cuenta con una interfaz de programación visual para el análisis exploratorio de datos cualitativos y la visualización interactiva de los mismos.

Orange es un paquete de software de código abierto publicado bajo GPL y alojado en GitHub. Las versiones hasta la 3.0 incluyen componentes principales en C++ con wrappers en Python. Desde la versión 3.0 en adelante, Orange utiliza bibliotecas comunes de código abierto de Python para computación científica, como **numpy**, **scipy** y **scikit-learn**, mientras que su interfaz gráfica de usuario opera dentro del marco Qt multiplataforma.

Los componentes de Orange se llaman widgets. Las funcionalidades de los mismos abarcan desde la simple visualización de datos, la selección de subconjuntos y el preprocesamiento de información hasta la evaluación empírica de los algoritmos de aprendizaje y modelos predictivos.

La programación visual se implementa a través de una interfaz en la que se crean flujos de trabajo al vincular algunos widgets o bien predefinidos, o bien diseñados por el usuario, mientras que los usuarios avanzados pueden usar Orange como una biblioteca de Python para la manipulación de datos y la modificación de widgets.

La instalación predeterminada incluye una serie de algoritmos de aprendizaje automático, preprocesamiento y visualización de datos en seis conjuntos de widgets (**data, transform, visualize, model, evaluate** y **unsupervised**). Las funcionalidades adicionales están disponibles como complementos (**text-mining, image analytics, bioinformatics**, etc.).

1.2. Instalación de Orange

Orange es compatible con macOS, Windows y Linux, y también se puede instalar desde el repositorio Python Package Index (pip install Orange3).
La última versión de Orange se puede descargar desde la página web de Orange (https://orangedatamining.com).

1.2.1. Mac OS X

Después de descargar la última versión para OSX, lo más probable es que el navegador guarde el archivo de instalación con un nombre similar a **Orange3.dmg** en la carpeta de **Descargas**. Una vez descargado este archivo de instalación, la instalación comienza haciendo doble clic en su icono. Debería abrirse una ventana como la que se muestra a continuación en la Figura 1.1. Arrastre el icono naranja y suéltelo sobre el icono de aplicaciones.

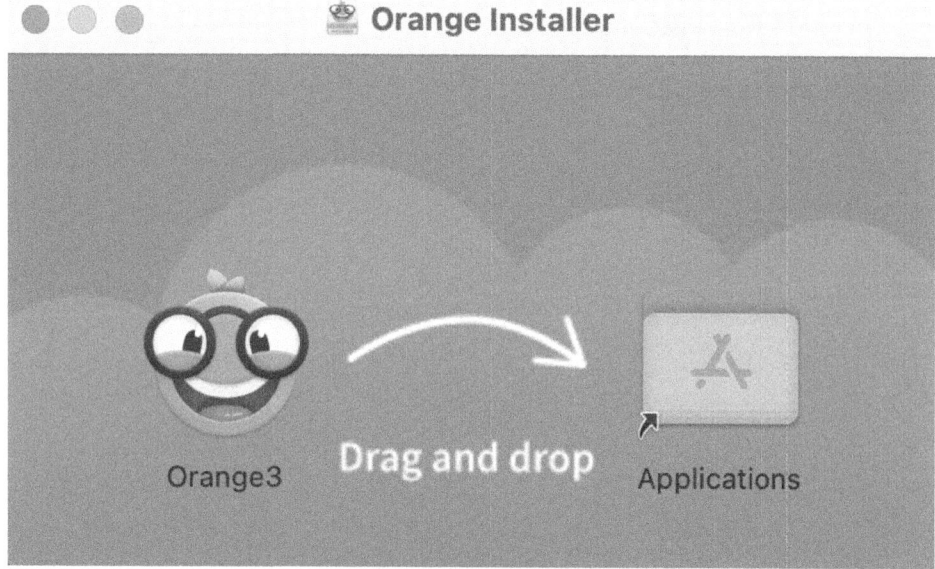

Figura 1.1 Instalación de Orange en MacOS X.

Ahora se puede abrir Orange desde la carpeta de **Aplicaciones**. Simplemente abra dicha carpeta, busque la aplicación llamada Orange, haga clic en su icono para seleccionarla y ábrala eligiendo **Abrir** en el menú **Archivo** del Finder.

1.2.2. **Windows**

Descargue el archivo de instalación y guárdelo en un su ordenador. Inicie la instalación haciendo doble clic en el archivo descargado. Elija Sí cuando se le pregunte si desea permitir que este programa realice cambios en su ordenador. El programa de instalación le pedirá que confirme la instalación de Python. Presione OK. Si ya tiene instalado Python, este paso no es necesario. Siga al asistente de instalación para la instalación de Python. Puede dejar la configuración predeterminada y esperar a que se complete la instalación. Después de instalar Python, el asistente instalará Orange 3 y sus dependencias (como se muestra en la Figura 1.2). Este paso puede llevar un tiempo.

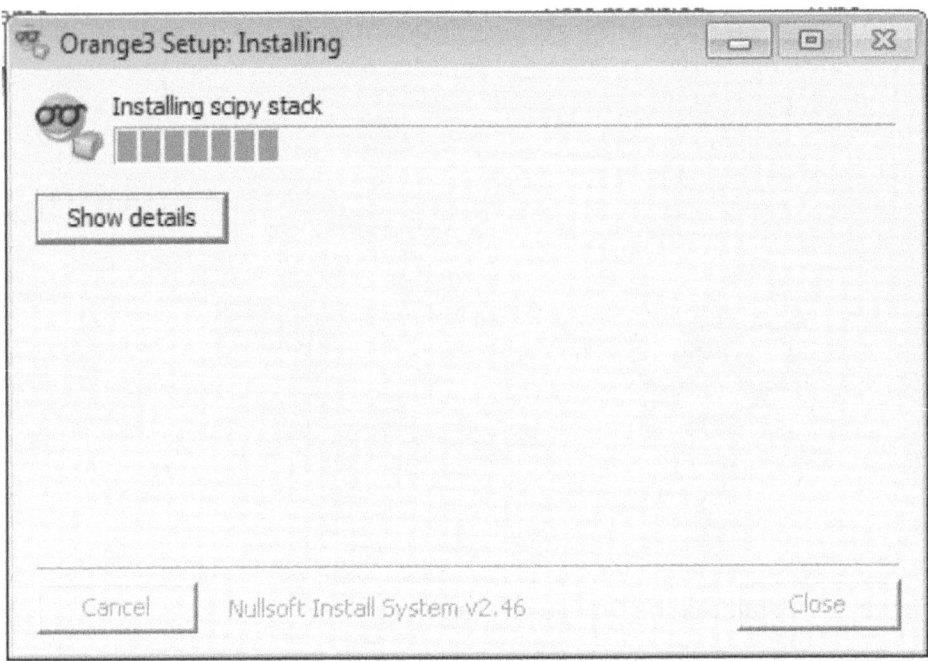

Figura 1.2 Instalación de Orange en Windows.

Haga doble clic en el icono de Orange para iniciar la aplicación de Orange.

1.2.3. Linux

Siguiendo las instrucciones en la página web oficial de Orange, clone el repositorio de Orange desde GitHub (un servicio de alojamiento de Internet para el desarrollo de software) o descargue el tarball del código fuente desde GitHub. Luego siga las instrucciones en **README.md**.
Para ejecutar Orange Canvas es necesario que introduzca la siguiente línea de código (Figura 1.3):

```
python -m Orange.canvas
```

Figura 1.3 Comando para ejecutar Orange en Linux.

Se pueden agregar características adicionales a Orange instalando add-ons. El administrador de add-ons se encuentra en el menú **Opciones**.

1.2.4. Anaconda

Si se está utilizando Python proporcionado por la distribución de Anaconda, la instalación es todavía más sencilla. Si es usuario de OSX, agregue **conda-forge** a la lista de canales desde los que puede instalar paquetes por medio del código (Figura 1.4):

```
conda config --add channels conda-forge
```
Figura 1.4 Agregar **conda-forge**.

Luego ejecute los comandos en la Figura 1.5:

```
conda install pyqt
conda install orange3
```
Figura 1.5 Instalar Orange en Anaconda.

Para los usuarios Linux, además de agregar **conda-forge** a la lista de canales desde los que puede instalar paquetes, hay que configurarlo como predeterminado (Figura 1.6):

```
conda config --add channels conda-forge
conda config --set channel_priority strict
```
Figura 1.6. Configuración **conda-forge** para Linux.

Luego hay que ejecutar los comandos de la Figura 1.7:

```
conda install pyqt
conda install orange3
```
Figura 1.7 Instalar Orange para Linux.

1.2.5. Instalación con pip

Orange también se puede instalar desde el índice de paquetes de Python (pip). En este caso es posible que necesite paquetes de sistema adicionales proporcionados por su distribución. Si es así, para conseguir la instalación se debe ejecutar el siguiente código (Figura 1.8):

```
pip install PyQt5 PyQtWebEngine
pip install orange3
```

Figura 1.8. Instalación con pip.

1.3. El entorno de trabajo de Orange

Orange consta de una interfaz de canvas en la que el usuario coloca las unidades computacionales de Orange, conocidas como widgets, y crea un flujo de trabajo de análisis de datos. Los widgets ofrecen funcionalidades básicas como leer los datos, mostrar una tabla de datos, seleccionar funciones, entrenar predictores, comparar algoritmos de aprendizaje, visualizar elementos de los datos, etc. El usuario puede explorar visualizaciones de manera interactiva o alimentar el subconjunto seleccionado en otros widgets.

Una vez instalado Orange, se obtiene una ventana como la que se muestra en la Figura 1.9.

La mayoría de los flujos de trabajo comienzan cargando un fichero. Haciendo clic en el icono **File** aparece en la ventana el nuevo fichero, como se muestra en la Figura 1.10.

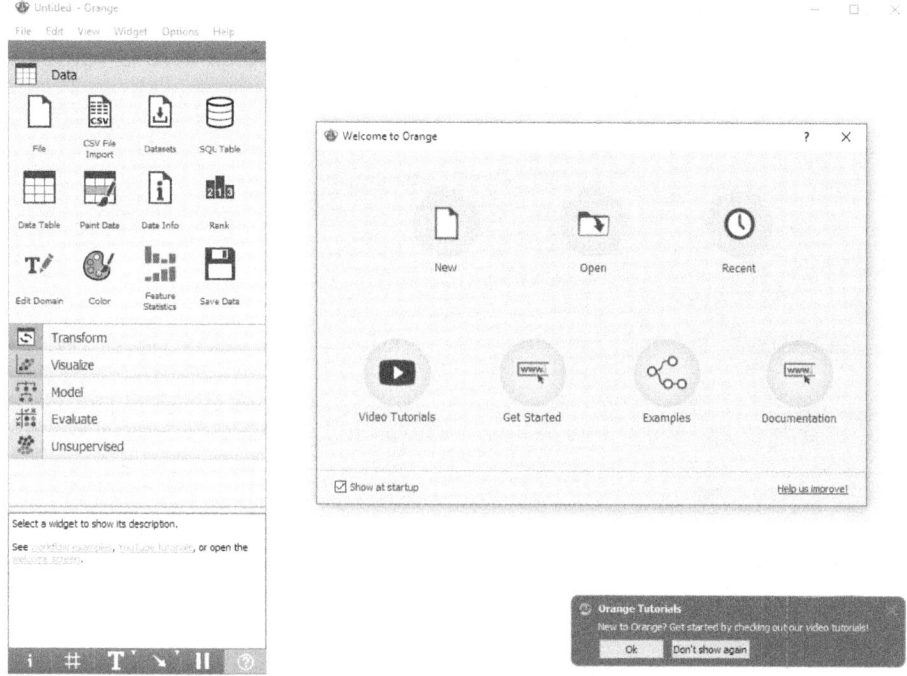

Figura 1.9 Ventana de inicio.

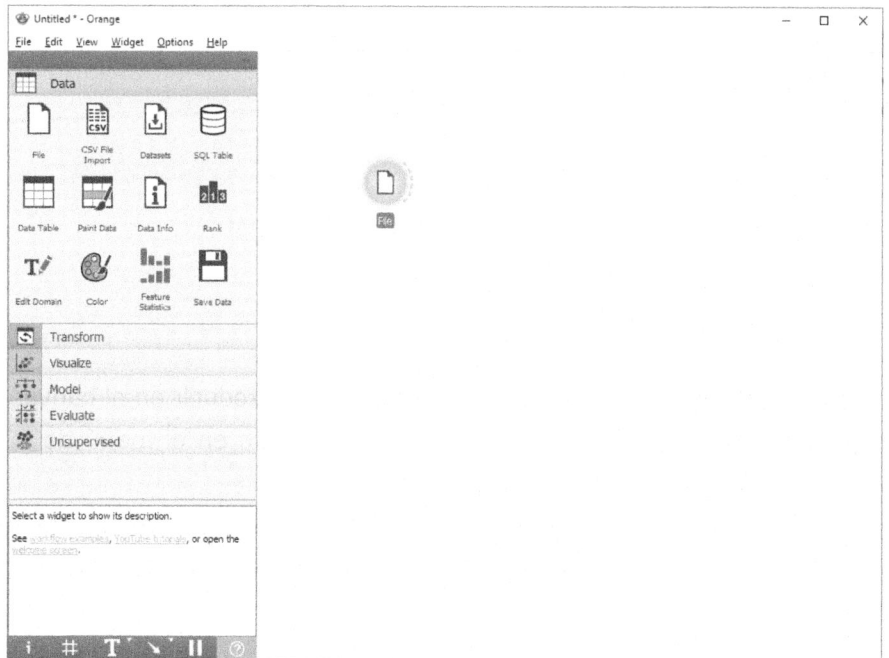

Figura 1.10 Creación de un nuevo fichero.

En este caso concreto, se carga un fichero de trabajo de los que dispone Orange. Pulsando con el botón derecho en el nuevo icono se abre la ventana que se muestra a continuación (Figura 1.11):

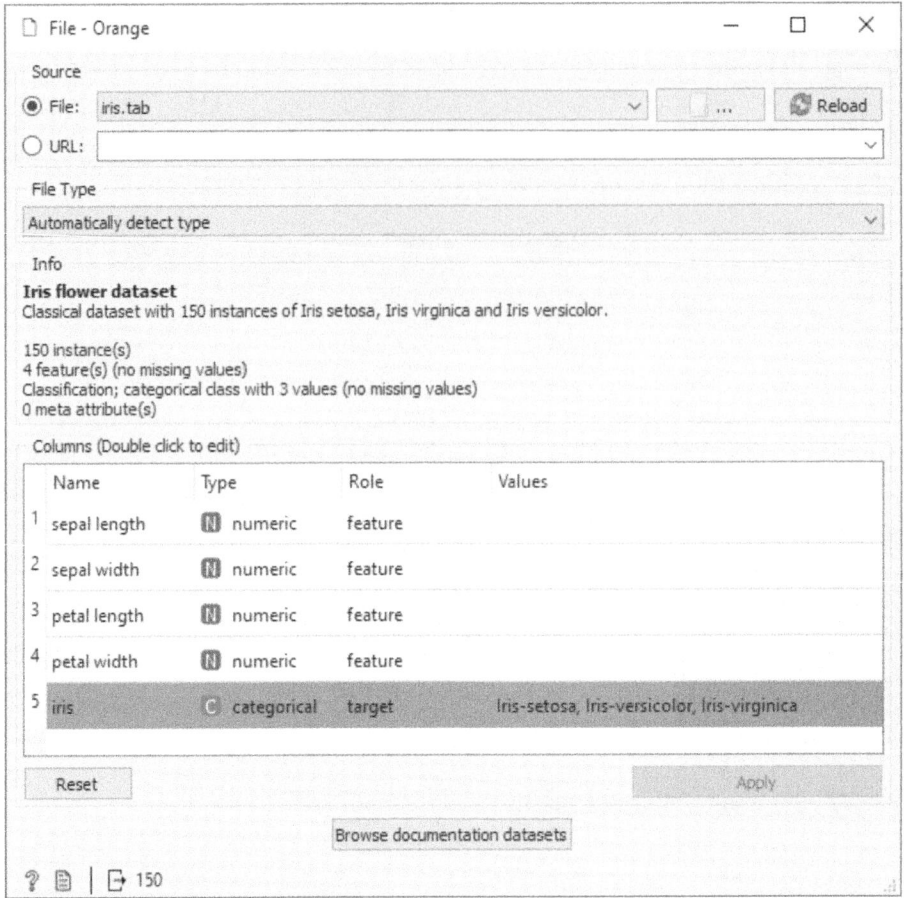

Figura 1.11 Cargar un fichero.

Para ver el fichero que hemos cargado, necesitamos introducir en el canvas el widget **Data Table** pulsando el icono correspondiente en el menú de la derecha. El resultado se muestra en la Figura 1.12.

Y después se conectan los widgets seleccionando uno de ellos con el ratón y arrastrando hacia el otro, para obtener así la conexión que se puede ver en la Figura 1.13.

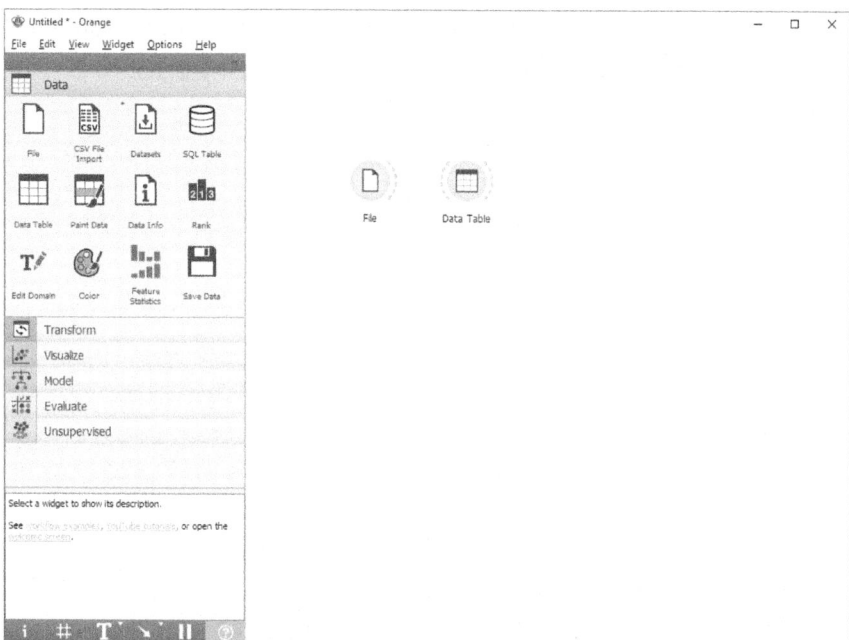

Figura 1.12 Introducción del widget **Data Table**.

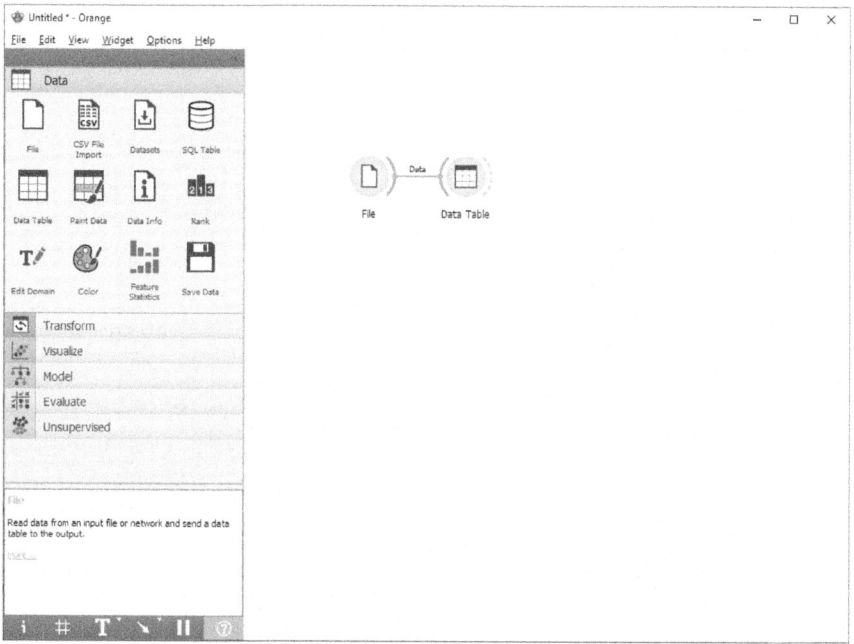

Figura 1.13 Conexión entre widgets. En este caso del widget **File** al widget **Data Table**.

Con el botón derecho podemos abrir la tabla y ver su contenido; pulsando en **Open** se abre la tabla que se puede ver en las Figuras 1.14 y 1.15:

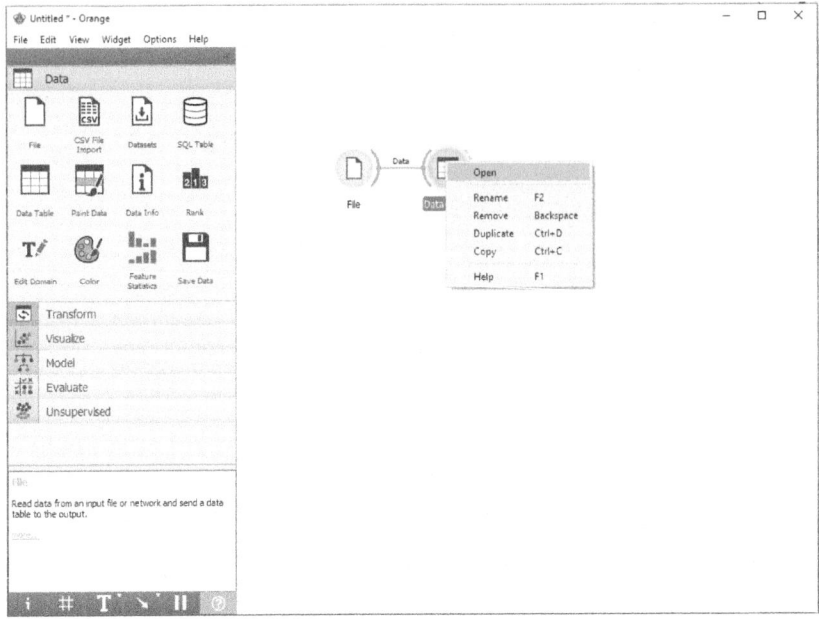

Figura 1.14 Cómo abrir y ver el contenido de la tabla.

	iris	sepal length	sepal width	petal length	petal width
130	Iris-virginica	7.2	3.0	5.8	1.6
131	Iris-virginica	7.4	2.8	6.1	1.9
132	Iris-virginica	7.9	3.8	6.4	2.0
133	Iris-virginica	6.4	2.8	5.6	2.2
134	Iris-virginica	6.3	2.8	5.1	1.5
135	Iris-virginica	6.1	2.6	5.6	1.4
136	Iris-virginica	7.7	3.0	6.1	2.3
137	Iris-virginica	6.3	3.4	5.6	2.4
138	Iris-virginica	6.4	3.1	5.5	1.8
139	Iris-virginica	6.0	3.0	4.8	1.8
140	Iris-virginica	6.9	3.1	5.4	2.1
141	Iris-virginica	6.7	3.1	5.6	2.4
142	Iris-virginica	6.9	3.1	5.1	2.3
143	Iris-virginica	5.8	2.7	5.1	1.9
144	Iris-virginica	6.8	3.2	5.9	2.3
145	Iris-virginica	6.7	3.3	5.7	2.5
146	Iris-virginica	6.7	3.0	5.2	2.3
147	Iris-virginica	6.3	2.5	5.0	1.9
148	Iris-virginica	6.5	3.0	5.2	2.0
149	Iris-virginica	6.2	3.4	5.4	2.3
150	Iris-virginica	5.9	3.0	5.1	1.8

Info
150 instances (no missing data)
4 features
Target with 3 values
No meta attributes

Variables
☑ Show variable labels (if present)
☑ Visualize numeric values
☑ Color by instance classes

Selection
☑ Select full rows

Restore Original Order
☑ Send Automatically

150 150 | 150

Figura 1.15 Cómo aparece el contenido de la tabla.

Con el contenido de la tabla de la Figura 1.15 se puede crear un diagrama de dispersión (Figura 1.16). Arrastrando con el ratón desde el icono **File** hasta un punto de la ventana se genera una línea como la que se muestra en la figura y se abre un menú bastante amplio donde se puede elegir la opción **Scatter Plot**, más o menos bajando hasta la mitad de la lista de las posibles opciones.

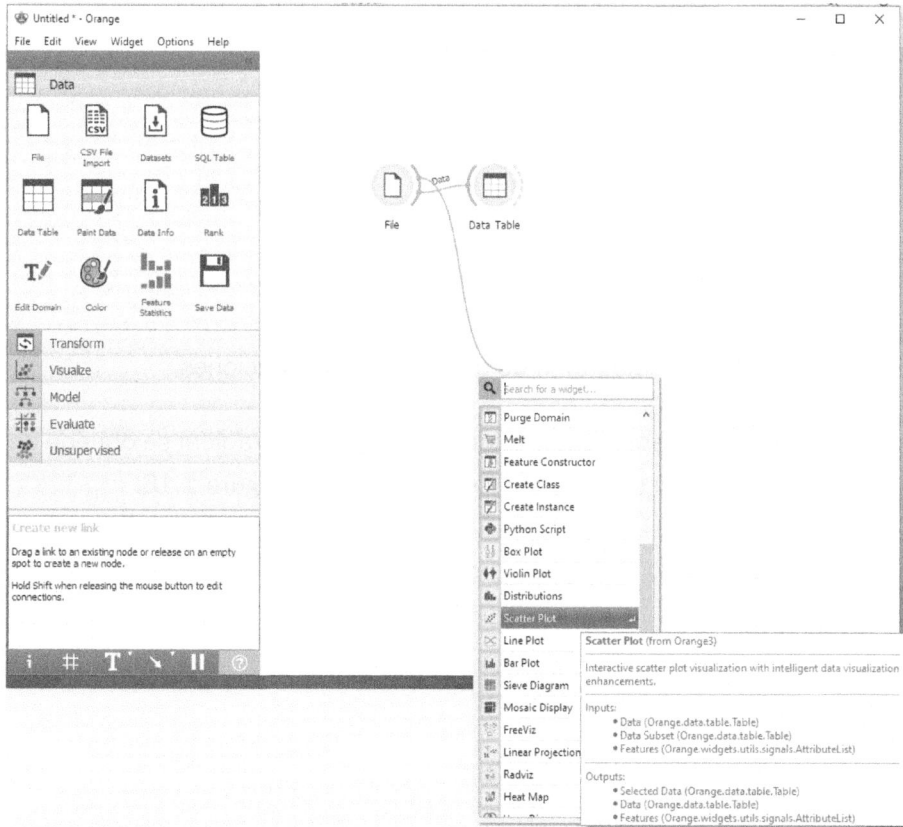

Figura 1.16 Cómo crear un diagrama de dispersión.

Pulsando dos veces sobre el icono del diagrama de dispersión, se abre una ventana como la que se muestra en la Figura 1.17. Al explorar las posibilidades del menú, empezando desde arriba, se observa cómo se puede escoger lo que se quiere representar en cada eje, con algunas sugerencias de proyecciones informativas, pinchando en el botón correspondiente. Más abajo se pueden escoger los atributos como color, forma, medida, etiquetas y otras opciones seleccionando las casillas correspondientes.

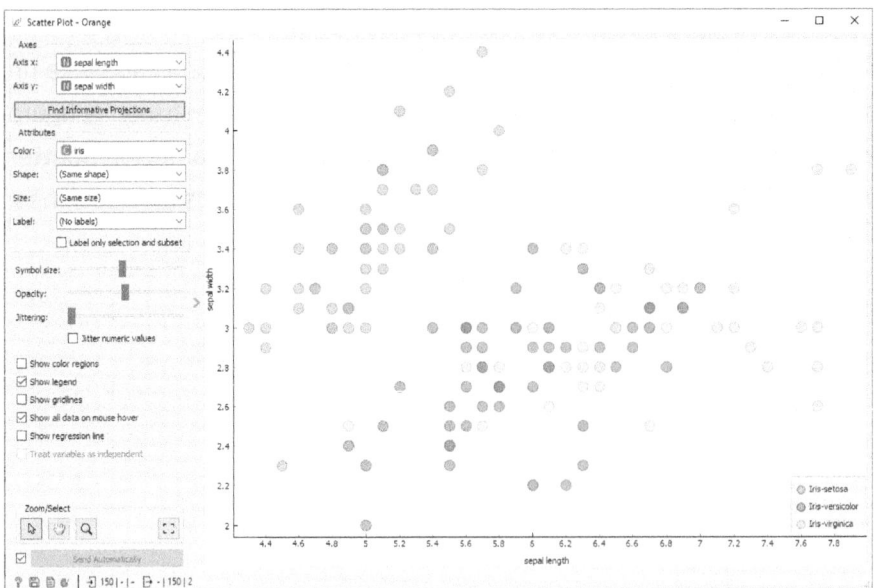

Figura 1.17 Ejemplo de diagrama de dispersión y sus opciones.

Por ejemplo, seleccionando Show color regions y Show gradient se obtiene un diagrama de dispersión como el que se muestra en la Figura 1.18:

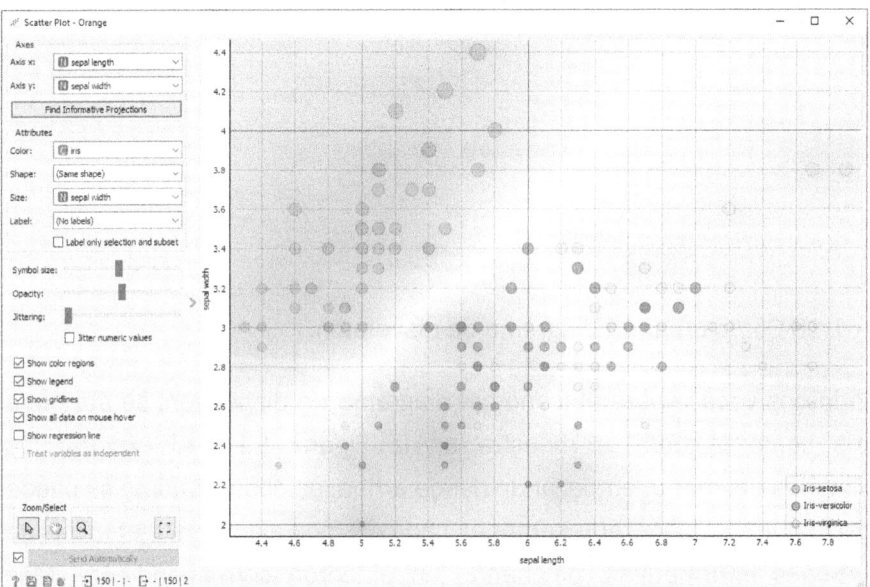

Figura 1.18 Ejemplo de diagrama de dispersión con gradiente de color para cada región.

1.4. Flujo de trabajo en Orange. Canvas y widgets

Antes de crear un flujo de trabajo borramos el grafico anterior pinchando con el botón derecho en el icono correspondiente y seleccionando **Remove**. Así, queda una ventana como la que se muestra en Figura 1.19.

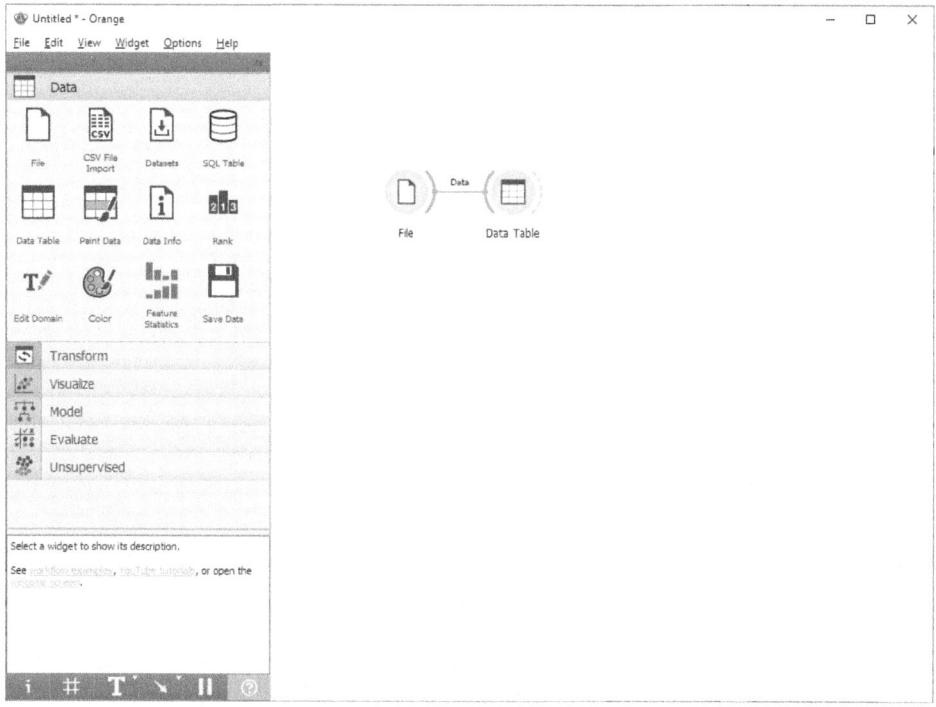

Figura 1.19 Ventana de Orange una vez borrado el grafico de la sección 1.3.

La información que hemos cargado es una base de datos de características de flores de iris formada por 150 muestras. Se trata de una base de datos muy conocida que introdujo Ronald Fisher (1890-1962) y que se emplea para ilustrar todo tipo de problemas relacionados con el machine learning y la estadística. Esta base de datos contiene información relativa a la longitud y ancho de los pétalos y sépalos de tres especies diferentes de esta planta, denominadas setosa, versicolor y virginica.

Por tanto, la base de datos contiene cuatro variables numéricas y otra categórica relativa a la especie de iris a la que pertenece cada flor. Si se vuelve a abrir la tabla se pueden ver las cuatro variables en las últimas cuatro columnas (Figura 1.20).

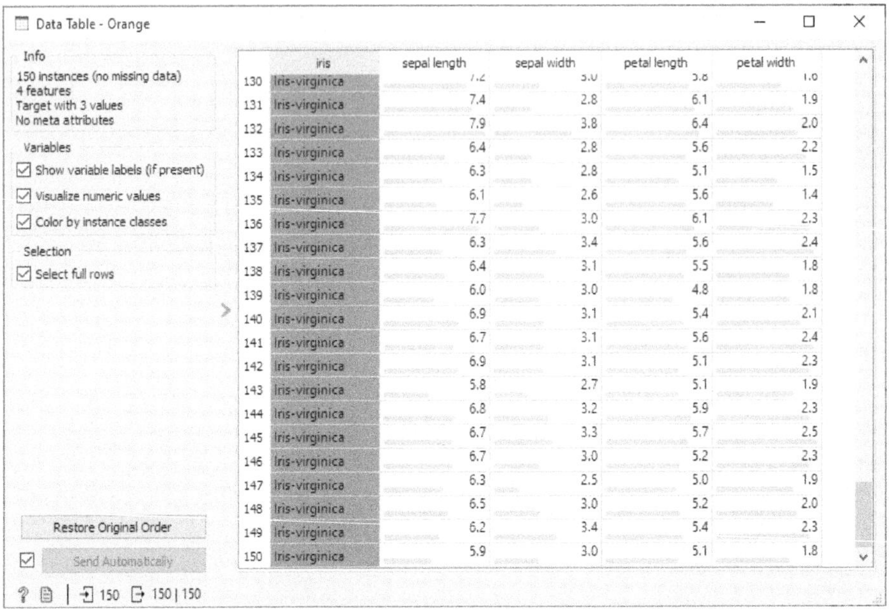

Figura 1.20 Contenido de la tabla con la especie de cada flor (primera columna) y las variables numéricas (las restantes cuatro columnas).

Para analizar sus distribuciones, añadimos el widget **Distributions** como se puede ver en la Figura 1.21.

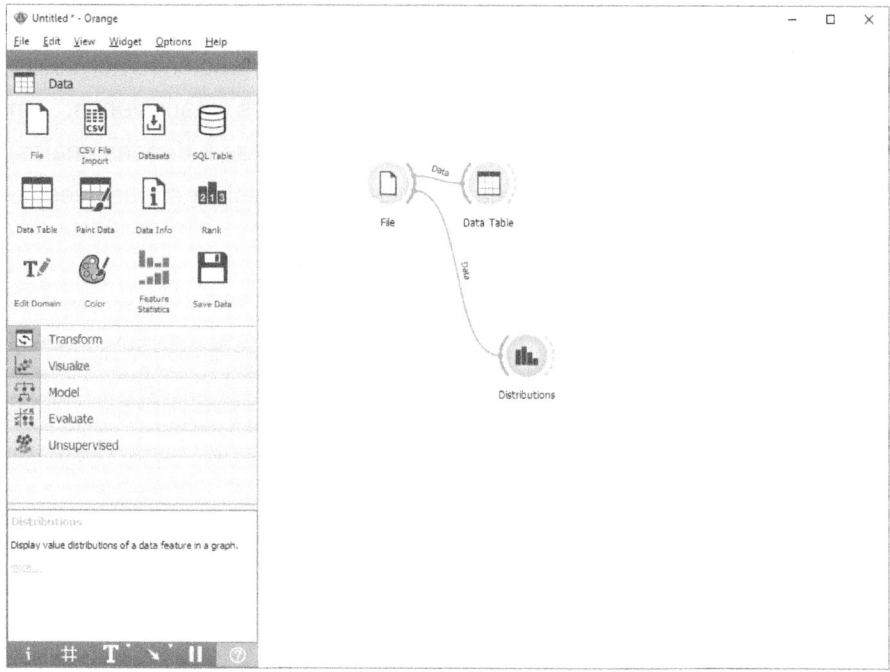

Figura 1.21 Introducción del widget **Distributions** para analizar las distribuciones.

Si se abre, se pueden obtener los histogramas de la variable que nos interesa y que se selecciona en el menú a la derecha. En el caso de la Figura 1.22 se ha seleccionado la longitud de los sépalos. Las líneas continuas representan el ajuste gaussiano a las distribuciones. Se puede seleccionar la función para el ajuste en el menú **Fitted Distribution**.

Un ajuste gaussiano es un ajuste a una función como esta:

$$f(x) = \frac{1}{\sigma\sqrt{2\pi}} e^{\left(-\frac{1}{2}\frac{(x-\mu)^2}{\sigma^2}\right)}$$

Su gráfico tiene una forma característica simétrica en forma de campana. Las funciones gaussianas se utilizan a menudo para representar la función de densidad de probabilidad de una variable aleatoria, normalmente distribuida con valor esperado μ y varianza σ^2. El parámetro $\frac{1}{\sigma\sqrt{2\pi}}$ es la altura del pico de la curva, μ indica la posición del centro del pico y σ (también llamada desviación estándar o anchura RMS gaussiana) controla la amplitud de la "campana". Las funciones gaussianas son ampliamente utilizadas; por ejemplo, se utilizan en estadística para describir las distribuciones normales, en procesamiento de señales para definir filtros gaussianos, en procesamiento de imágenes (donde se utilizan gaussianas bidimensionales) para desenfoques gaussianos y en matemáticas para resolver ecuaciones de calor y ecuaciones de difusión.

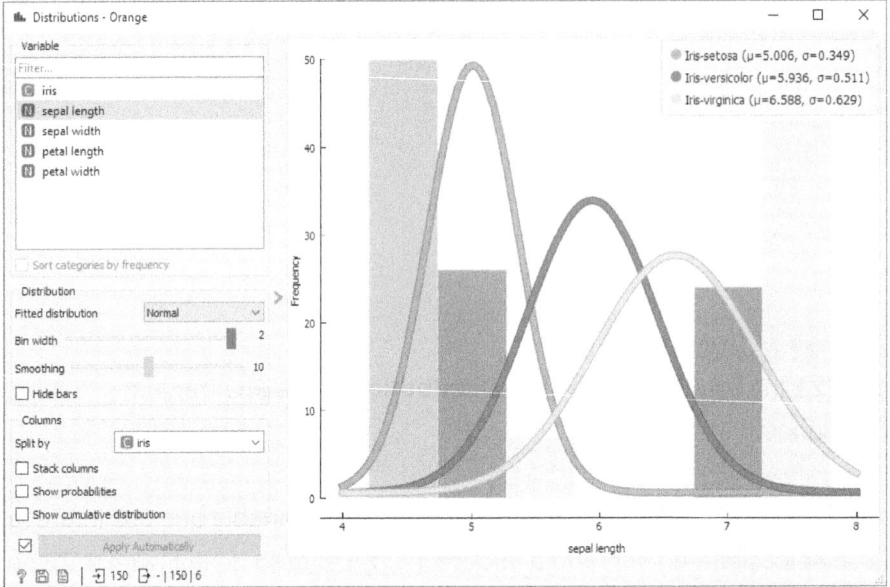

Figura 1.22 Distribución de las longitudes de los sépalos y sus ajustes gaussianos.

Para el análisis crearemos otra vez un widget de **Scatter Plot** y seleccionaremos las variables que mejor separan en dos categorías. Pulsando en el botón **Find Informative Projections** se abre una ventana como la que se muestra en la Figura 1.23.

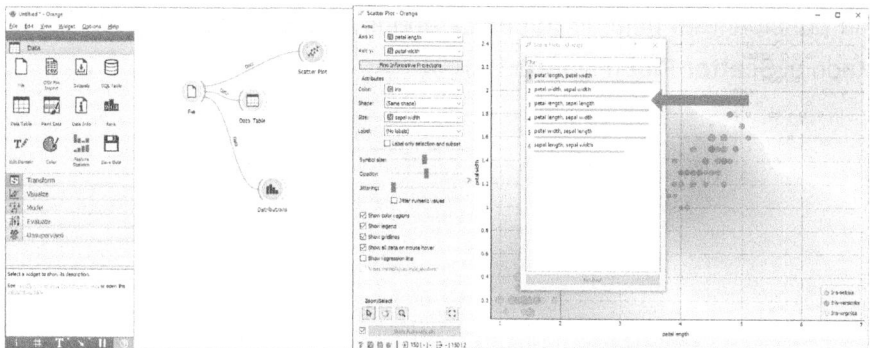

Figura 1.23 Análisis utilizando el widget **Scatter Plot**.

Seleccionamos los valores de la zona de intersección de ambas categorías para que se puedan explorar. Simplemente se define la región de interés arrastrando el ratón y así quedan seleccionados nuestros valores (Figura 1.24).

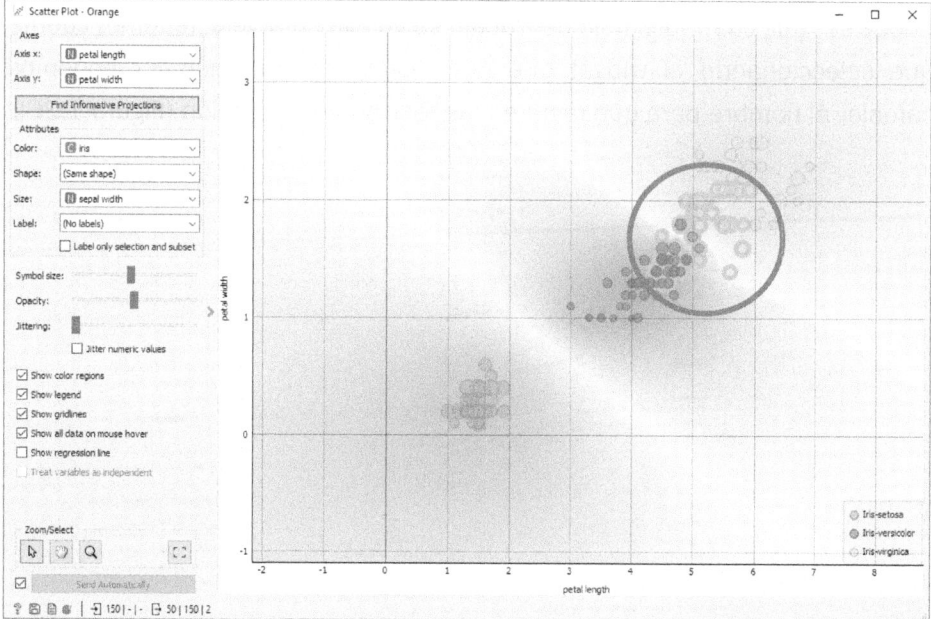

Figura 1.24 Selección de la región de interés.

De esta manera creamos una nueva instancia de datos en la que solo aparecen las variables seleccionadas. Para hacerlo, hay que volver a la ventana principal (del flujo de trabajo) y añadir, como antes, un **Data Table** conectado al **Scatter Plot** (Figura 1.25).

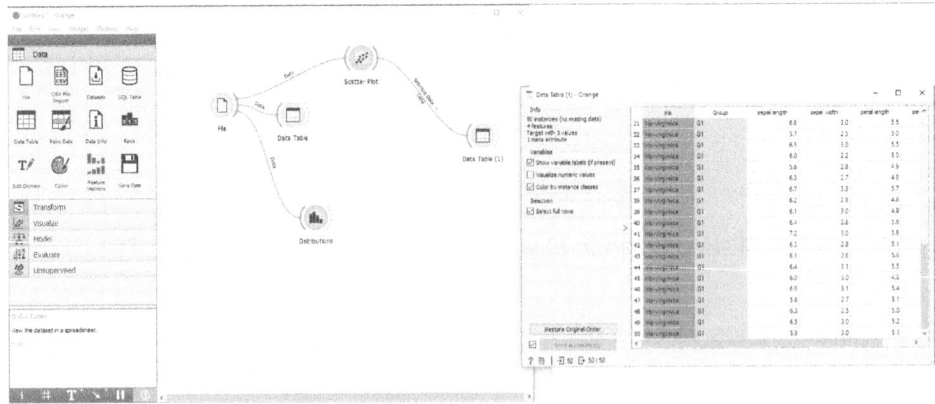

Figura 1.25 Creación de **Data Table** con los datos seleccionados.

Puede ser útil, cuando el flujo de trabajo se vuelve complejo, tener en cuenta que seleccionando el widget que nos interese y pulsando F2 podemos cambiar el nombre para que resulte más fácil su identificación (Figura 1.26).

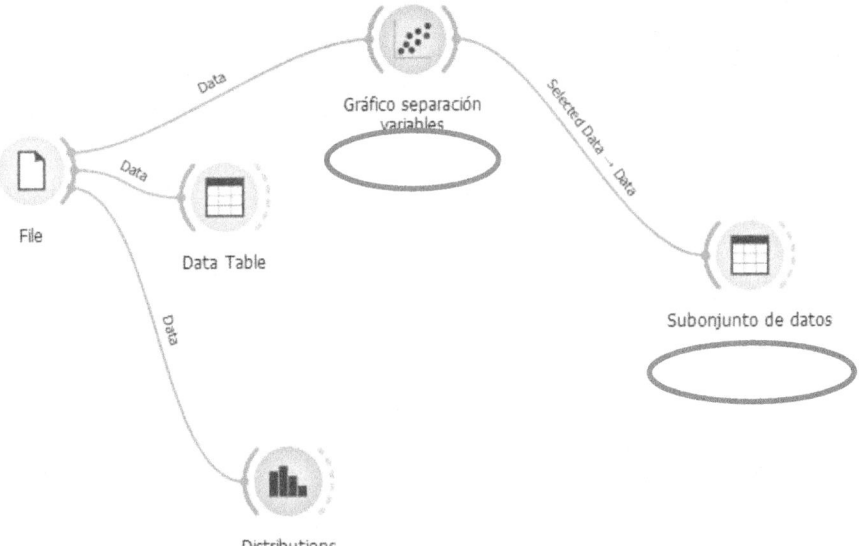

Figura 1.26 Es posible cambiar el nombre a los widgets para que quede más clara su identificación.

Es importante también guardar un flujo de trabajo. Para guardar nuestro primer flujo de trabajo en Orange, hay que pulsar en **File** y seleccionar **Save** en el menú que se abre.

1.4.1. Mas sobre flujos de trabajo

Comenzamos ahora un nuevo proyecto en el que insertaremos los widgets en el canvas y, posteriormente, seleccionaremos la base de datos. A la hora de realizar las conexiones, Orange nos ayuda, pues no nos dejará conectar entre sí dos widgets que no sean compatibles.

Podemos hacer uso del menú para seleccionar los widgets. Copiamos o arrastramos al canvas (o buscamos en el menú que se abre con el botón derecho del ratón) los widgets que se indican en esta imagen; en particular introducimos un nuevo widget: **Box Plot** (Figura 1.27).

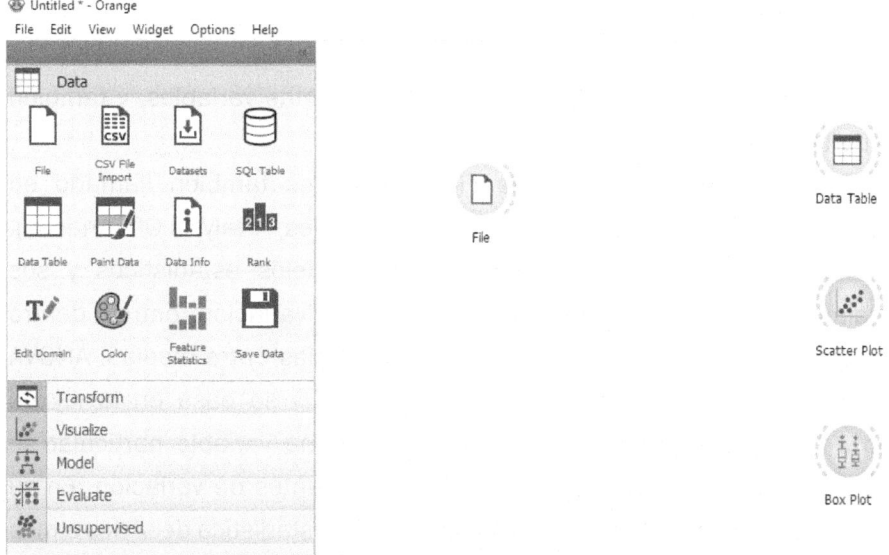

Figura 1.27 Introducción del widget **Box Plot**.

Escogemos la base de datos **Iris** y unimos los widgets. Veremos que todo se ha cargado y funciona, como en la Figura 1.28.

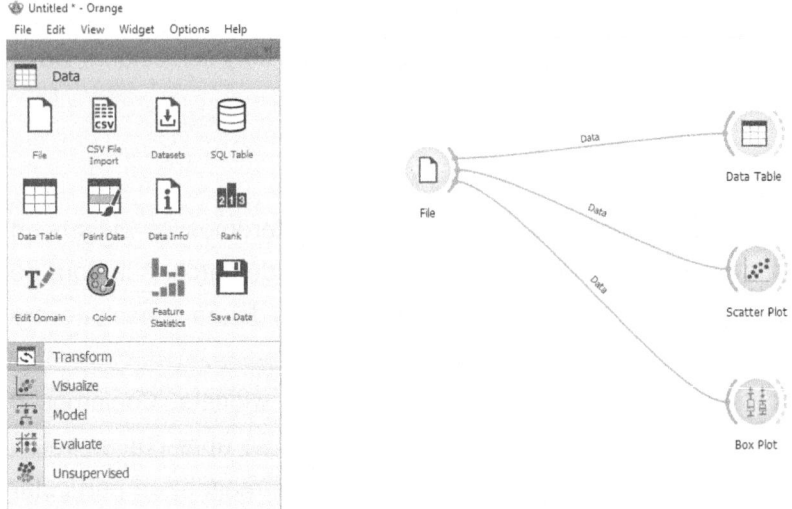

Figura 1.28 Conexión de los widgets que se van a utilizar (**Data Table, Scatter Plot** y **Box Plot**).

Podemos ver (Figura 1.29) el **Box Plot** de las distintas variables, y también nos aporta un análisis estadístico.

El análisis que se muestra en la Figura 1.29 es también llamado en estadística el análisis de la varianza (ANOVA del inglés, ANalysis Of VAriance). El análisis de varianza es un conjunto de modelos estadísticos y sus procedimientos de estimación asociados (como la "variación" entre y dentro de los grupos) utilizados para analizar las diferencias entre medias. ANOVA fue desarrollado por el estadístico Ronald Fisher y se basa en la ley de varianza total, donde la varianza observada en una variable particular se divide en componentes atribuibles a diferentes fuentes de variación. En su forma más simple, ANOVA proporciona una prueba estadística de si dos o más medias de población son iguales. En otras palabras, ANOVA se utiliza para probar la diferencia entre dos o más medias. Existen varios tipos de ANOVA, incluyendo ANOVA de una vía, ANOVA de dos vías y ANOVA factorial, cada uno adecuado para diferentes diseños experimentales.

En un ANOVA de una vía (*one-way* ANOVA), se considera un solo factor o variable independiente, e implica comparar las medias de dos o más grupos.

Por ejemplo, se puede utilizar un ANOVA de una vía para comparar los promedios de puntuaciones de prueba de estudiantes que siguieron diferentes métodos de enseñanza.

El ANOVA de dos vías (*two-way* ANOVA) involucra dos variables independientes y examina sus efectos principales, así como su efecto de interacción. Permite explorar los efectos de dos factores simultáneamente y comprender si existen interacciones entre ellos.

El ANOVA factorial extiende el ANOVA de dos vías al incluir más de dos variables independientes. Ayuda a analizar los efectos combinados de múltiples factores en una variable dependiente.

Si el ANOVA determina que existen diferencias significativas entre los grupos, se pueden realizar pruebas adicionales para identificar qué grupos específicos difieren entre sí. El ANOVA es una técnica estadística ampliamente utilizada en diversos campos, como la psicología, las ciencias sociales, la biología, la economía y más. Ayuda a los investigadores a realizar comparaciones y sacar conclusiones sobre las medias de diferentes grupos de manera sistemática y estadísticamente válida.

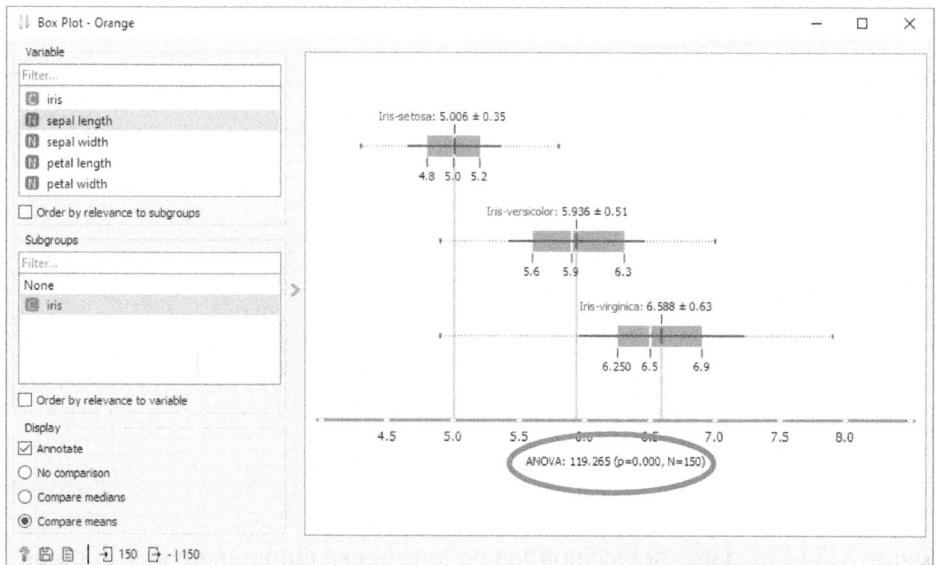

Figura 1.29 **Box Plot** y estadística correspondiente de las variables analizadas.

Conectamos el **Data Table** con el **Scatter Plot** (Figura 1.30): la idea es que así, si seleccionamos filas (instancias) en la tabla de datos, estas se iluminarán en el gráfico para identificarlas.

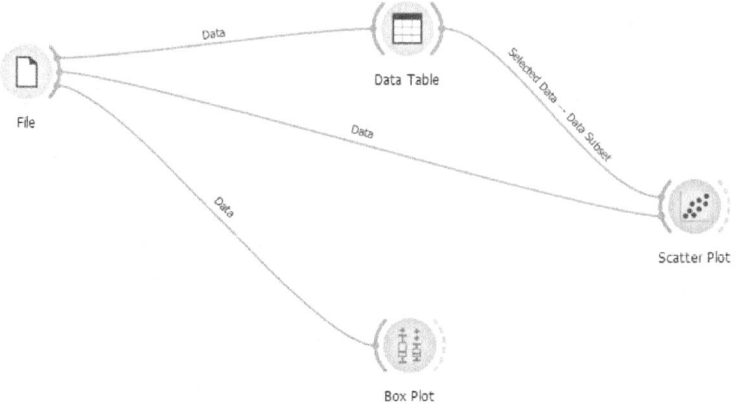

Figura 1.30 Conexión del widget **Data Table** con el **Scatter Plot** para seleccionar los datos en el gráfico de dispersión.

En la Figura 1.31 se puede ver como seleccionando distintos elementos en la tabla, se iluminan para ser visualizados en el gráfico. Para hacer esto hay que abrir los widgets del **Data Table** y del **Scatter Plot** y, luego, seleccionando las filas en la tabla como se muestra en la Figura 1.31, se obtiene el resultado mostrado en el **Scatter Plot**.

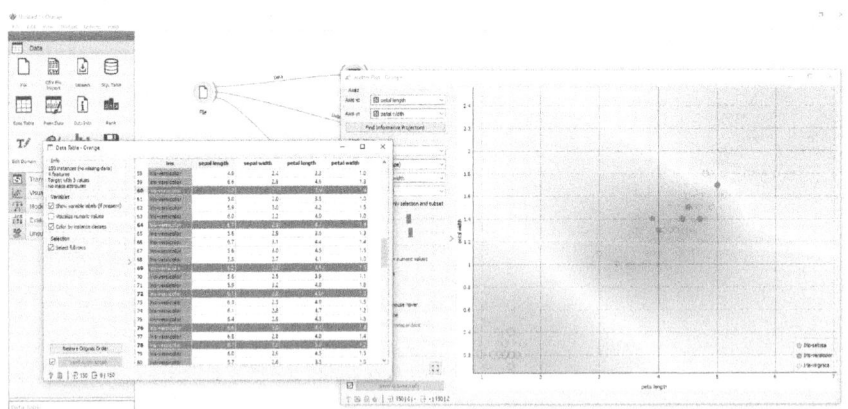

Figura 1.31 Los datos seleccionados en la tabla se iluminan en la gráfica de dispersión.

Pulsando dos veces en la línea, se abre la ventana **Edit link**, donde la casilla **Data** de **Data Table** está conectada al **Data Subset** en el **Scatter Plot** (como se indica en la Figura 1.32).

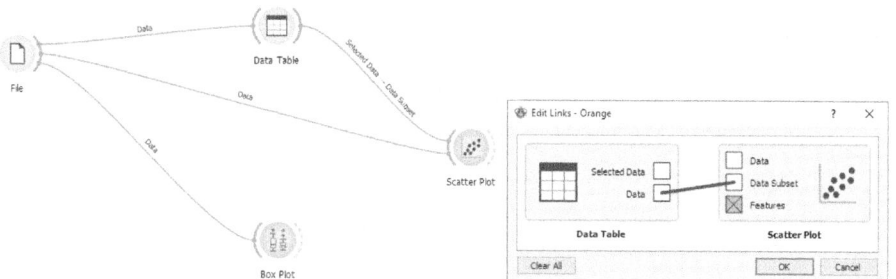

Figura 1.32 Conexión entre **Data Table** y **Scatter Plots** para representar los datos.

Si queremos que solo nos muestre en el gráfico las filas que seleccionemos, cambiamos la conexión y unimos **Selected Data** en **Data Table** con **Data** en **Scatter Plot** (Figura 1.33).

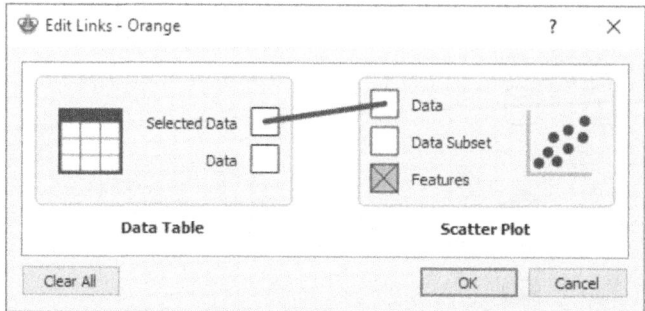

Figura 1.33 Conexión entre **Data Table** y **Scatter Plots** para representar los datos seleccionados.

1.4.2. Carga de ficheros en Orange

Supongamos que queremos cargar un fichero, por ejemplo, uno llamado **datos01.xls** (como se muestra en Figura 1.34). En este caso, se selecciona el widget **File**, se pulsa dos veces para abrir la ventana que se muestra en la Figura 1.34 y seleccionando el símbolo de la carpeta se abre la ventana para cargar el fichero deseado.

Figura 1.34 Carga de un fichero.

Añadimos el widget **Data Table** (Figura 1.35) para ver los datos cargados y abrimos ese widget. Se debería obtener lo que se muestra en la Figura 1.36.

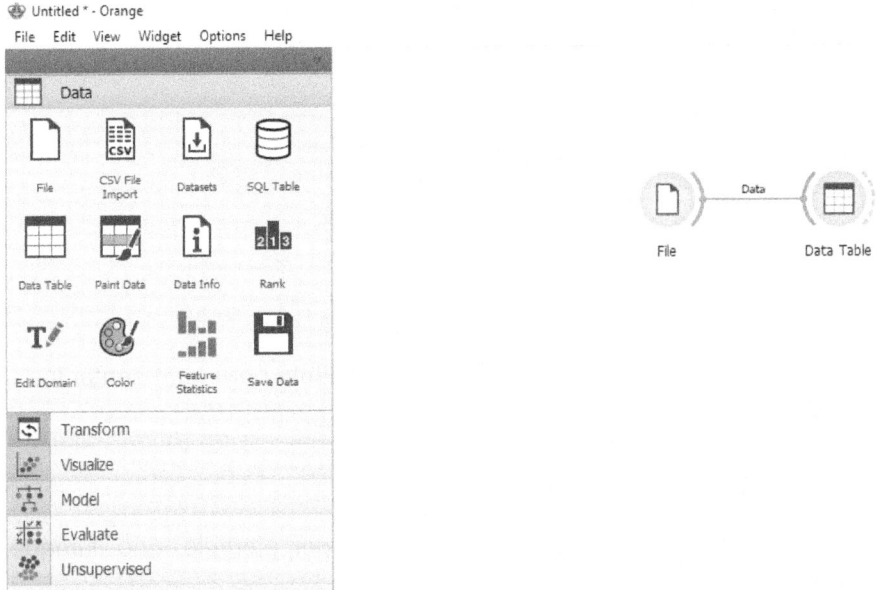

Figura 1.35 Conexión del fichero con los datos de interés con un widget **Data Table**.

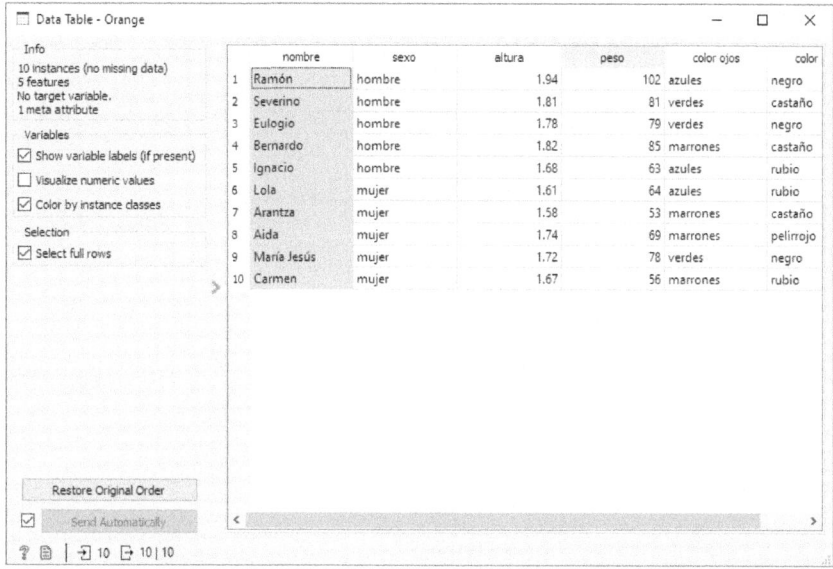

Figura 1.36 Datos cargados en el fichero de interés.

Podemos reorganizar los datos con la ayuda de **Select Columns**. Hay que añadir el widget correspondiente y conectarlo con el **Data Table** (Figura 1.37). Una vez que se haya abierto, se pueden ver las distintas características entre las cuales se puede elegir (Figura 1.38).

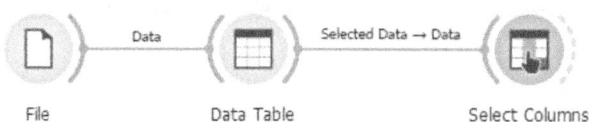

Figura 1.37 Añadiendo el widget **Select Columns** para reorganizar los datos.

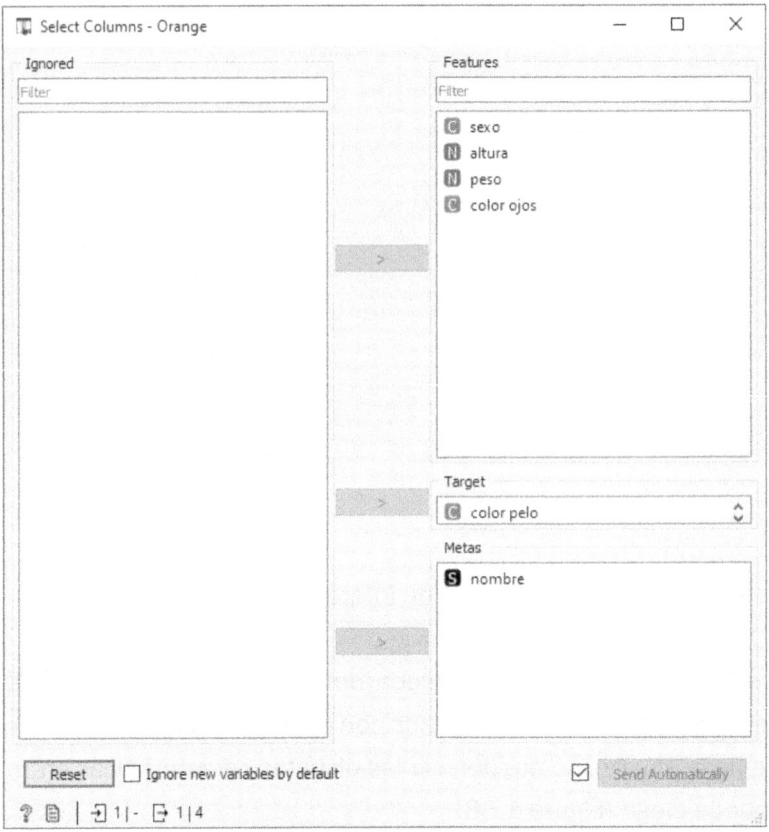

Figura 1.38 Contenido que se puede visualizar abriendo el widget **Select Columns**.

Podemos crear un widget para salvar los datos en formato de Orange en el disco duro, como en la Figura 1.39:

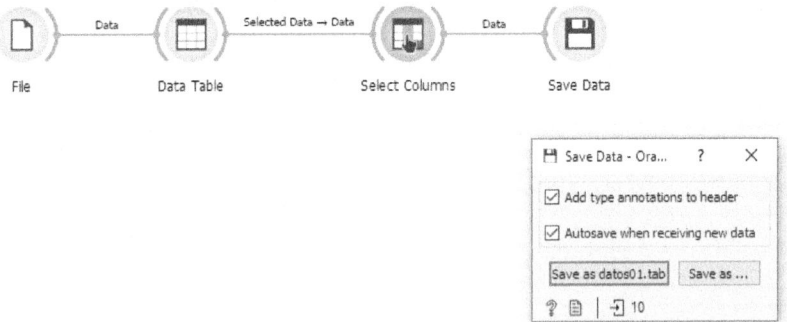

Figura 1.39 Utilizando el widget **Save Data** se puede guardar la selección en el disco duro del ordenador.

CAPÍTULO 2
CONCEPTOS FUNDAMENTALES
DEL APRENDIZAJE AUTOMÁTICO

2.1. Introducción

Si bien se considera que el término inteligencia artificial se acuña en la década de 1950 y más concretamente en la primera conferencia relativa a esta disciplina, celebrada en Darmouth en 1956, desde la antigüedad el ser humano ha especulado con la posibilidad de crear máquinas dotadas de inteligencia. Así, ya Aristóteles (384–322 a. de C.) estudió la posibilidad de construir un sistema hidráulico que imitara el comportamiento del cerebro humano.

También cabe señalar que en el siglo XIII el filósofo Ramón Llull planteó la posibilidad de desarrollar una máquina llamada Ars Magna, capaz de realizar demostraciones lógicas para validar o refutar teorías. Dicha máquina, sin duda alguna, respondía a los principios de funcionamiento de un ordenador moderno.

Desde que a mediados del siglo XX comenzara la fabricación de dispositivos electrónicos con capacidad de cálculo, empezó un debate relativo a temas tales como:

- ¿Cuál es la definición exacta de inteligencia?

- ¿Pueden las máquinas pensar?
- ¿Puede una máquina llegar a ser consciente de su propia existencia?

De modo que, en dicho momento, empieza una nueva disciplina llamada aprendizaje automático o machine learning basada en hacer aprender tareas a las máquinas sin que sea necesario programarlas de manera explícita para la realización de estas. Por tanto, el machine learning puede considerarse como una rama dentro de la ciencia de la inteligencia artificial.

A través del machine learning se espera que las máquinas aprendan, entendiendo como tal que mejoren su desempeño en la realización de una tarea con el paso del tiempo y, por tanto, con la acumulación de experiencia. Es decir, el aprendizaje automático se basa en la construcción de modelos que guían el comportamiento de una máquina haciendo uso para ello de la información disponible.

2.2. Clasificación de las metodologías y técnicas fundamentales del aprendizaje automático

Con el paso de los años, la investigación en inteligencia artificial y machine learning ha ido enriqueciéndose a base de desarrollar y perfeccionar metodologías para diferentes campos. De este modo, hoy en día, el aprendizaje automático puede dividirse, bien según el tipo de aprendizaje, bien según el tipo de tarea que la máquina debe realizar. En el primer caso, las metodologías pueden dividirse principalmente en aprendizaje supervisado, aprendizaje no supervisado y aprendizaje por refuerzo. En el segundo caso, la división se realiza entre métodos de regresión, de clasificación y de agrupamiento o clustering.

2.2.1. Clasificación por tipo de aprendizaje

2.2.1.1 Aprendizaje supervisado

Se entiende por aprendizaje supervisado aquel en el que una máquina puede predecir el valor de una o varias variables llamadas respuestas o variables dependientes usando para ello el valor de dichas variables en un conjunto de datos en el que dichas variables son conocidas.

Estas variables pueden ser bien cuantitativas (también llamadas variables numéricas), bien cualitativas (o denominadas categóricas). Si la máquina debe predecir una variable del primer tipo, se tiene un problema de regresión. En el segundo caso, se trata de un ejemplo de clasificación.

De modo que, estrictamente, el aprendizaje supervisado se basa en que, dado un vector de entrada **X**, mediante entrenamiento, se persigue que la máquina realice la mejor predicción posible del valor de variable de salida Y. Para realizar este entrenamiento se emplearán datos que contengan una distribución de valores de **X** y de Y que sea representativa del problema objeto de estudio. A este conjunto de datos se le llama set o conjunto de entrenamiento.

2.2.1.2   Aprendizaje no supervisado

El aprendizaje no supervisado se ocupa de encontrar patrones y estructuras subyacentes en los datos sin la ayuda de etiquetas o respuestas previas. Así, el algoritmo no hace uso de una variable de salida específica Y a la que debe llegar, sino que intenta encontrar patrones y relaciones interesantes dentro de los datos. Esto lo hace a través de técnicas como la agrupación, la reducción de dimensionalidad y la detección de anomalías.

El objetivo principal del aprendizaje no supervisado es descubrir la estructura oculta de los datos, lo que puede ayudar a encontrar información valiosa en grandes conjuntos de datos no etiquetados.

2.2.1.3   Aprendizaje por refuerzo

El aprendizaje por refuerzo se basa en que la máquina aprenda mediante la interacción con su entorno, es decir, la máquina aprende a predecir o realizar una actividad recordando qué acciones de las que ha realizado le han supuesto una mayor recompensa. La clara diferencia con respecto al aprendizaje no supervisado es que, en este caso, la máquina busca maximizar una recompensa en lugar de tratar de encontrar una estructura oculta en unos datos.

2.2.2. Clasificación por tipo de tarea

2.2.2.1　Métodos lineales de regresión

Los primeros modelos de machine learning se desarrollaron gracias a la mejora de la capacidad de cálculo de los ordenadores. En el presente, con el aumento de la capacidad de cálculo, se han ido desarrollando modelos cada vez más sofisticados.

Un modelo lineal de regresión es una técnica utilizada para analizar la relación entre una variable dependiente Y y una o más variables independientes **X**. La idea detrás del modelo lineal de regresión es encontrar la línea recta que mejor se ajuste a los datos para predecir el valor de la variable dependiente en función del valor de la variable independiente. En caso de tener más de una variable independiente se habla de manera equivalente de hiperplano en vez de recta.

Un modelo de regresión lineal se ajusta a los datos utilizando la técnica de los mínimos cuadrados, que busca minimizar la suma de los cuadrados de las diferencias entre los valores observados y los valores predichos por el modelo. Los resultados obtenidos a partir de los modelos de regresión lineal se pueden utilizar para hacer predicciones.

2.2.2.2　Métodos lineales de clasificación

En este caso el agente dispone de un conjunto de datos G, de manera que se divide el espacio de variables de entrada en una colección de regiones etiquetadas de modo que satisfagan una clasificación. Dichas regiones se dividen de manera lineal. Debido a ello, a estos métodos se les llama métodos lineales de clasificación.

2.3. Métodos de regresión

2.3.1. Regresión lineal

El modelo más conocido es la regresión lineal, donde se busca predecir un valor $Y = f(X)$ a partir de unos datos de entrada X y asumiendo que la distribución de los datos es lineal, es decir:

$$f(X) = \beta_0 + \sum_{j=1}^{p} X_j \beta_j$$

donde los valores $X_j \beta_j$ pueden ser, bien representaciones lineales, bien polinómicas, por ejemplo, $X_2 = X_1^2$.

Las regresiones lineales pueden ser simples o condicionadas. En el segundo caso tendríamos un parámetro de regularización que dividiría el tipo de modelo en tres: Ridge regression, LASSO regression y Elastic Net regression.

- Ridge regression. En este modelo los coeficientes de regresión son "contraídos" y se impone una penalización (penalty) a su tamaño. Más particularmente, los coeficientes minimizan una suma residual de cuadrados penalizados. Al usar este método, se resuelve el problema producido por la presencia de variables X_j correlacionadas en los datos y, debido a eso, los coeficientes β_j a los que van multiplicados resultan poco determinados y exhiben una alta varianza.
- LASSO (Least Absolute Shrinkage and Selection Operator) regression. Este modelo es similar al anterior, pero en este caso la penalización a la que se someten los coeficientes es lineal y no cuadrática. Esto hace que las soluciones de la variable o variables de salida sean no lineales.
- Elastic Net regression. Este modelo combina las penalizaciones propias de las regresiones LASSO y Ridge de tal forma que se intenten evitar las limitaciones de cada uno de los dos modelos.

2.3.1.1   Ejercicio 2.1

En este ejercicio se busca utilizar el entorno Orange para predecir el valor de una variable asumiendo que el modelo tiene un comportamiento lineal. Como el valor es numérico, se definirá y estudiará un modelo de regresión lineal.

En primer lugar, se procede a abrir el entorno de Orange y se guarda el archivo con el nombre Ejemplo_Regresión_Lineal. El fichero se guardará con la extensión **.ows** en el directorio que decida el usuario. Para realizar una regresión lineal sobre unos datos basta con hacer uso de tres widgets: un archivo de datos, un modelo de regresión lineal y un widget para comprobar los resultados.

En primer lugar, arrastramos al canvas un widget **File** de la sección **Data**, después un modelo de regresión lineal en la sección **Model** y, por último, un widget **Test and Score** ubicado en la sección **Evaluate**. Creamos el flujo de trabajo tal y como se muestra en la Figura 2.1.

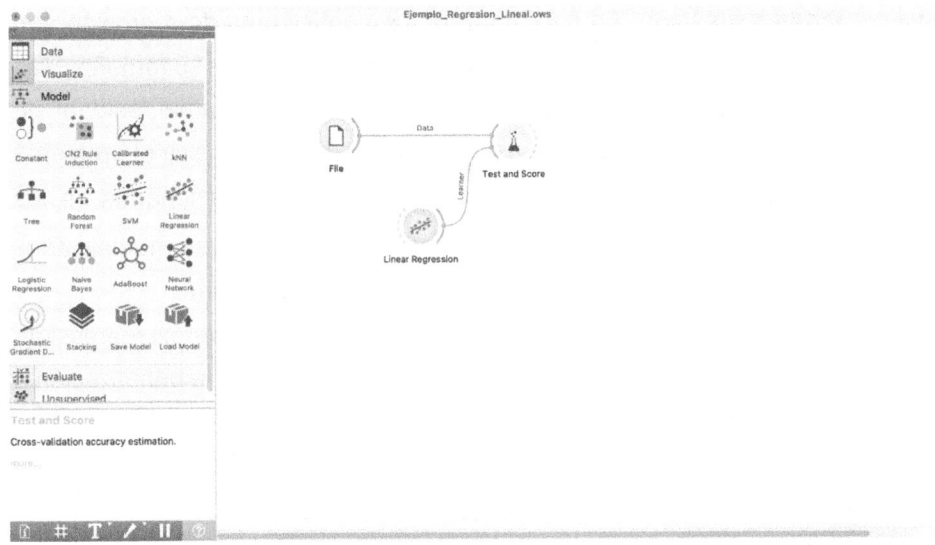

Figura 2.1 Flujo de trabajo de un ejemplo de regresión lineal.

Según qué archivo de datos se elija los resultados serán, obviamente, diferentes. Por ejemplo, vamos a utilizar el archivo **housing.tab** haciendo doble clic en el widget **File**. Podemos definir como target o variable de salida cualquiera de las 14 opciones que hay disponibles. Por defecto viene la variable **MEDV**, que se corresponde con el valor medio de las viviendas ocupadas por sus propietarios en unidades de 1000 $. Al realizar el flujo de trabajo descrito anteriormente, podemos hacer doble clic en el widget **Test and Score**, que nos muestra cómo de bien es capaz de predecir el modelo el valor de la variable mediante las cantidades estadísticas Mean Squared Error (MSE), que en español se traduce como media del error al cuadrado; Root Mean Squared Error (RMSE), que se corresponde con la raíz de la media del error al cuadrado; Mean Absolute Error (MAE), que se traduce como error absoluto medio, y el coeficiente R^2, que es el coeficiente de correlación de Pearson elevado al cuadrado. Nótese que los valores de este último coeficiente cercanos a 1 indican una buena correlación del modelo con los datos con los que ha sido construido.

Como opciones más detalladas, podemos escoger el tipo de validación que podemos realizar, a saber, una validación cruzada, donde el conjunto de datos de entrenamiento y validación varía en el número de iteraciones (*number of folds*) que el usuario escoja, para hacer finalmente la estadística de los datos. En otro caso puede seleccionarse un muestreo aleatorio, donde escogemos la cantidad aleatoria que conforma el set de entrenamiento y lo separamos del set de validación un determinado número de veces.

2.3.1.2   Ejercicio 2.2

En este ejercicio vamos a comparar el rendimiento de cada uno de los tipos de regresión lineal que permite el entorno Orange. Básicamente, debemos añadir al flujo de trabajo anterior tres modelos de regresión más: Ridge regression, al que vamos a asignar un parámetro $\alpha = 0.01$, LASSO regression y una Elastic Net regression donde pongamos un parámetro del 50%. Como puede observarse en la Figura 2.2, al hacer doble clic en el widget **Test and Score**, se devuelven las mismas cantidades estadísticas del caso anterior para cada uno de los cuatro modelos que hemos asignado. Adicionalmente, Orange devuelve una tabla donde se comparan los modelos utilizando una cantidad estadística concreta, por ejemplo, el Mean Squared Error. Comparando los resultados puede observarse que la Elastic Net regression es el mejor modelo para predecir valores de la variable **MEDV** en estos datos.

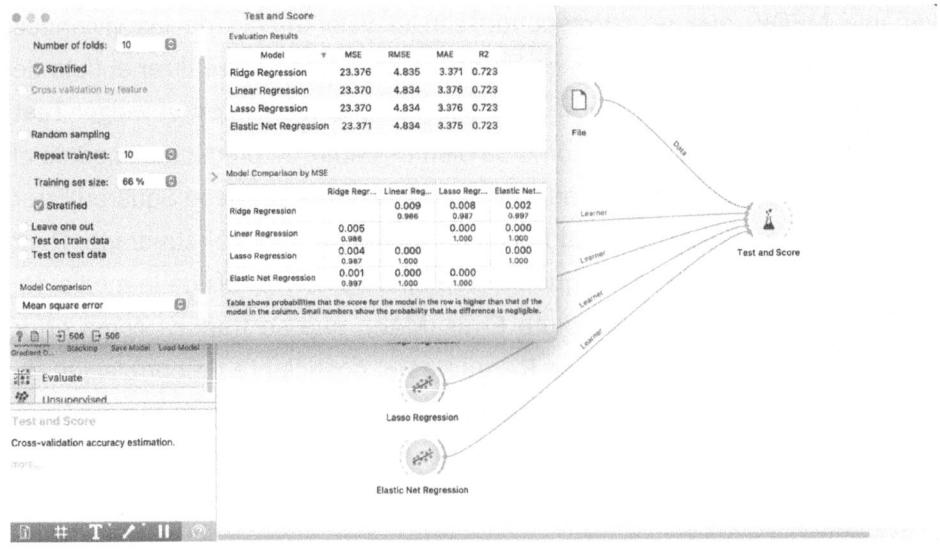

Figura 2.2 Evaluación de modelos de regresión lineal.

2.3.2. Random forest

Para comprender la idea de un modelo random forest, también conocido en español como de bosque aleatorio, primero debe definirse la técnica de bagging, que es básicamente una forma de reducir la varianza de una estimación. De este modo, un random forest es una modificación de la técnica de bagging, de tal forma que une las predicciones de árboles de decisión no correlacionados y toma el promedio de estos.

Más en detalle, la predicción de un random forest se define como:

$$f_{rf}^{B}(x) = \frac{1}{B}\sum_{b=1}^{B} T(x : \Theta_b)$$

donde Θ_b caracteriza el b – ésimo árbol del bosque en términos de las variables de cada árbol, puntos de corte y nodos entre árboles.

Los random forest ya han sido ampliamente utilizados en problemas de clasificación y regresión. En el siguiente ejercicio, se va a estudiar el uso de un random forest para regresión.

2.3.2.1   Ejercicio 2.3

En este ejercicio vamos a comparar la predicción que se estudió anteriormente con las regresiones logísticas, un modelo de constante y un random forest. Por tanto, abrimos Orange y cargamos un widget **File** que muestre el conjunto de datos **Housing**. Posteriormente cargamos el widget **Test & Score** y los widgets de los modelos de regresión lineal, constante y random forest, de tal forma que el flujo de trabajo coincida con el representado en la Figura 2.3.

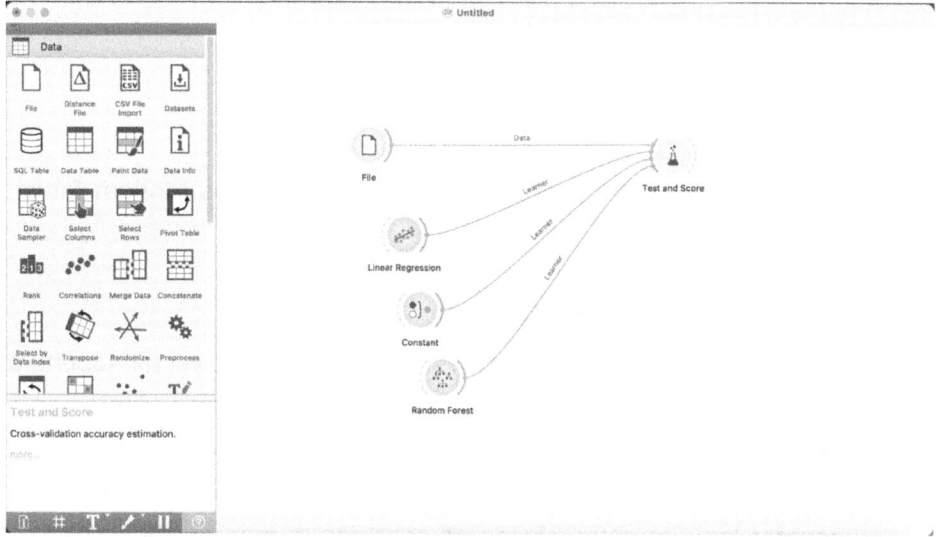

Figura 2.3 Flujo de trabajo para la comparación entre los modelos random forest, constante y regresión lineal.

Como en los anteriores casos, si hacemos doble clic en el widget **Test & Score** podemos observar en la Figura 2.4, por medio del coeficiente R2 de la regresión, que el modelo de random forest predice mejor el valor de la variable target **MEDV** que la regresión lineal, y mucho mejor que el modelo de constante, que, como se indica en la sección 1.4.3 de este mismo capítulo, es básicamente una región de un árbol de decisión, lo que sería un modelo mucho más simple que el random forest.

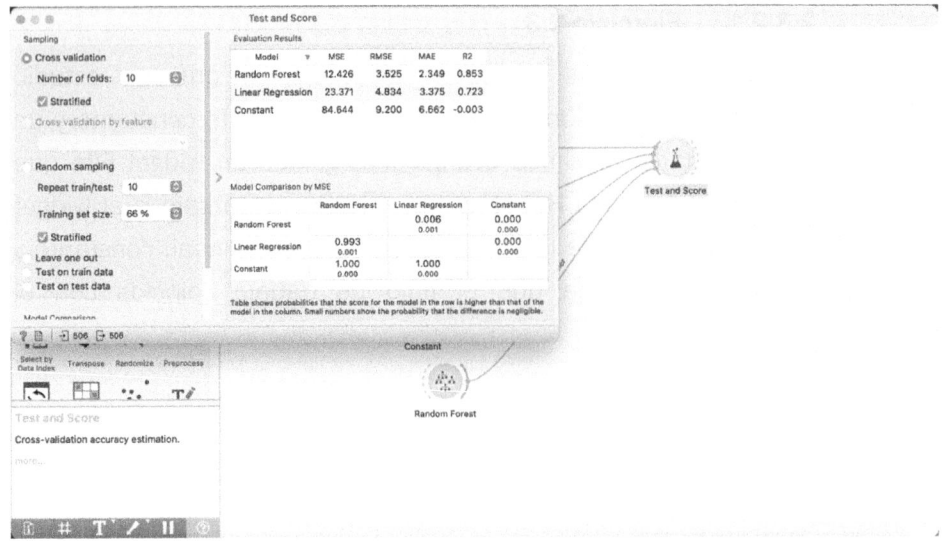

Figura 2.4 Comparación del rendimiento entre los modelos random forest, constante y regresión lineal.

2.3.3. Otros métodos de regresión

- **SVM.** Al igual que el random forest, las máquinas de vector soporte o Support Vector Machines (SVM) pueden utilizarse tanto para problemas de regresión como de clasificación. El SVM es un modelo de aprendizaje supervisado que, una vez entrenado, es capaz de separar las diferentes clases en espacios lo más amplios posibles separados por un vector que une los puntos referentes a dichas clases. A este vector se le llama propiamente vector soporte. Este tipo de modelos se explicarán más en detalle con ejemplos prácticos en el capítulo 6 de este libro.

- **Neural Network.** Una red neuronal o neural network es un modelo de machine learning que se basa en la conexión mediante capas de una o varias unidades computacionales llamadas neuronas, que tratan y transmiten la información entre capas según un peso que se va optimizando con la información de entrenamiento que circula por la red después de minimizar una función de coste. Según cómo se diseñe la red, puede utilizarse tanto para problemas de regresión como de clasificación. Este tipo de modelos se explicarán más en detalle en el capítulo 5 de este libro.

2.4. Métodos de clasificación

2.4.1. Árbol de decisión

Un árbol de decisión es un modelo de machine learning que divide el espacio de características en un conjunto de rectángulos, de tal manera que hace un ajuste de un modelo simple en cada uno de ellos. Este modelo en cada rectángulo es equivalente al widget **Constant** que aparece en la pestaña **Models** de Orange.

Los árboles de decisión pueden utilizarse tanto para problemas de regresión como de clasificación. Sin embargo, es para los segundos para los que habitualmente son utilizados. En dicho caso, el árbol computa una cantidad dada por la siguiente expresión:

$$p_{m,k} = \frac{1}{N_m} \sum_{x_i \in R_m} I(y_i = k)$$

que es la proporción de que haya k observaciones en un nodo m, que representa a la región R_m con N_m observaciones. Una vez computada esta cantidad, el modelo decide la clasificación mediante el cálculo de una impureza debida a la cantidad de observaciones del nodo que pertenecen a una clase particular. Las medidas de impureza del nodo más conocidas son el error de clasificación (**misclassification error**), el índice Gini (**Gini index**) y el valor de entropía cruzada (**cross-entropy**).

2.4.1.1   Ejercicio 2.4

En este ejercicio se va a definir un modelo de árbol de decisión para realizar una clasificación en un set de datos. Particularmente, el árbol de decisión va a utilizar las diferentes variables de entrada del conjunto de datos Titanic para dictaminar si un pasajero sobrevive o muere al accidente antes de que este ocurra.

En primer lugar, se necesita cargar el set de datos por medio del widget **File**. Posteriormente, haciendo doble clic en él, se define la variable **survived** como objetivo. Nótese que, al contrario que en la sección de regresión, ahora las variables son categóricas y no numéricas.

Una vez cargados los datos, incluimos un modelo de árbol de decisión donde dejaremos los parámetros que vienen por defecto. Enlazamos ambos a un widget de predicción, y este, a su vez, a una matriz de confusión, de tal forma que podamos ver con el primero una tabla con la predicción de supervivencia para cada pasajero junto con sus características sociales, de género y de edad, mientras que con el widget **Matriz de confusión** podemos ver la probabilidad de acierto o no del árbol de decisión.

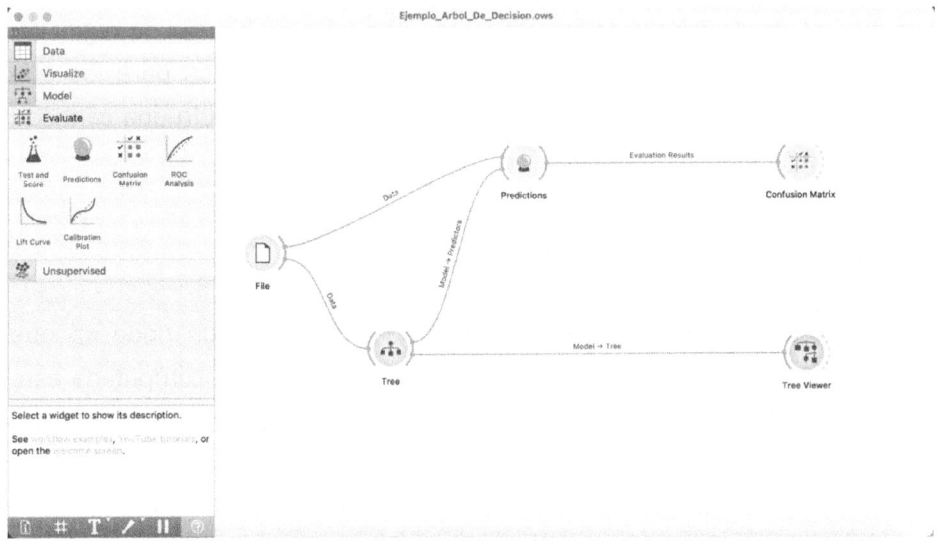

Figura 2.5 Flujo de trabajo para evaluar el rendimiento de un árbol de decisión en Orange.

Por último, adjuntando un widget **Visor de árbol** ubicado en la pestaña visualización podemos ver un diagrama de árbol con la representación de cada una de las decisiones que la máquina ha tomado para dictaminar las probabilidades de supervivencia de cada tipo de pasajero.

Figura 2.6 Resultados tras aplicar un árbol de decisión en Orange.

Como puede observarse, el árbol de decisión clasifica con un 93.1% de exactitud si un pasajero sobrevive y con un 76.9% si no sobrevive. Ajustando los parámetros estándar del widget correspondiente al árbol de decisión pueden obtenerse mejores o peores resultados.

2.4.2. K-Nearest Neighbors

Los métodos de vecinos cercanos o nearest neighbors usan los datos más cercanos a las variables de entrada. Más particularmente, el algoritmo de k-Nearest Neighbors ajusta una variable Y(x) de la siguiente forma:

$$Y(x) = \frac{1}{k} \sum_{x_i \in N_k(x)} y_i$$

donde $N_k(x)$ es el vecindario de x definido por los k puntos más cercanos a x_i en la muestra. La cercanía viene determinada por una cantidad denominada métrica. De este modo, básicamente, al entrenar este algoritmo, la máquina encuentra las k observaciones con los puntos x_i más cercanos a las variables de entrada x.

2.4.2.1   Ejercicio 2.5

En este ejercicio vamos a comparar los resultados de un modelo de **k-Nearest Neighbors** con uno tipo **Constant** de cara a predecir una clasificación en el set de datos **Iris**. Para ello creamos un flujo de trabajo compuesto por un widget **File** de la sección **Data**, un **Test and Score** de la sección **Evaluate**, y sendos modelos **k-NN** y **Constant** de la sección **Model**. Unimos los widgets como puede observarse en la Figura 2.7.

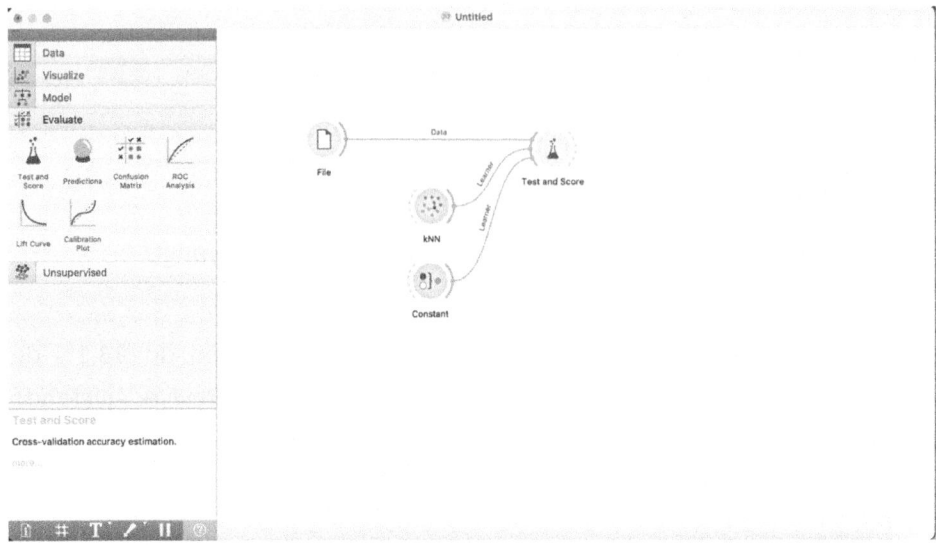

Figura 2.7 Flujo de trabajo para comparar el rendimiento de un k-NN y un modelo de Constant.

Si hacemos doble clic en **Test and Score** podemos ver que el modelo **k-NN** se aproxima mucho más que **Constant** a 1 en todos los parámetros, lo que indica que es un modelo más preciso a la hora de realizar una predicción de clasificación sobre estos datos.

Orange permite optimizar el k-NN con los siguientes parámetros:

- **Número de vecinos**. Establece el número de vecinos de los que parte la computación del algoritmo.
- **Parámetro de distancia o métrica**. Permite al usuario escoger el tipo de criterio para dictaminar la clasificación de unos datos en función de la distancia entre vecinos. De este modo se puede escoger entre distancia euclídea (distancia entre dos puntos en un espacio euclídeo), distancia de Manhattan (suma de la diferencia absoluta de todos los atributos), distancia maximal (la mayor de la diferencia

absoluta entre atributos) o distancia de Mahalanobis (distancia entre punto y distribución).

- **Pesos.** En este caso Orange permite usar pesos uniformes, con los que todos los puntos en cada vecindario pesan lo mismo en la decisión del algoritmo, y pesos de distancia, en los que los vecinos cercanos al punto de referencia tienen más peso que los alejados.

2.4.3. Otros modelos de clasificación

Además de los anteriores métodos, Orange permite realizar una clasificación de los datos con modelos menos comunes, a saber:

- **Regresión logística**. Este tipo de regresión se utiliza para modelar las probabilidades de encontrar K clases por medio de funciones lineales en **X**, de manera que la suma de una se mantenga en el intervalo [0, 1]. Por tanto, generalmente, este modelo se usa en problemas de clasificación, aunque también es utilizado para regresión. Este tipo de modelos se explicará con más en detalle en el capítulo 7 de este libro.
- **Naïve Bayes**. Este modelo está basado en el teorema de Bayes, de forma que, para clasificar datos, considera que cada una de las características que hay en una muestra contribuye de manera independiente a la probabilidad de asignar una categoría a la variable de entrada.
- **AdaBoost**. El Boosting adaptativo o Adaptive Boosting (AdaBoost) es un algoritmo que produce un resultado predictivo utilizando la suma ponderada de las predicciones de diferentes algoritmos previos de cara a realizar una clasificación en un set de datos. Se llama adaptativo porque es capaz de utilizar las predicciones de algunos de sus algoritmos previos para solventar clasificaciones erróneas del resto y viceversa. Este modelo se puede encontrar explicado con más detalle en el capítulo 7.

2.5. El agrupamiento o clustering

El clustering es un tipo de aprendizaje automático no supervisado cuya filosofía consiste en ofrecer predicciones acerca de la similitud de los datos de una muestra según estos se agrupen entre sí o no. Para discriminar si los datos deben o no agruparse entre sí, el algoritmo utiliza un criterio de la mínima distancia entre cada dato de la muestra y el punto central de cada cluster, llamado centroide. Al igual que ocurría con los modelos de regresión y clasificación revisados anteriormente, Orange permite utilizar una serie de métodos para realizar clustering a datos de entrada que proporcione el usuario. En esta sección se van a repasar las diferentes opciones que permite el entorno.

2.5.1. K-Means

Este modelo es uno de los más populares a la hora de realizar un clustering. Está diseñado para utilizarse en situaciones en las que todas las variables del set de datos son cuantitativas. Se usa la distancia euclídea elevada al cuadrado como la medida discriminativa para entrar en un cluster o en otro, es decir,

$$d(x_i, x_{i'}) = \sum_{j=1}^{p} (x_{ij} - x_{i'j})^2 = ||x_i - x_{i'}||$$

El criterio para entrenar este modelo es la minimización mediante la asignación a los K clusters de N observaciones, de tal forma que la falta de similitud promedio de las observaciones con respecto al cluster medio se minimice.

2.5.1.1 Ejercicio 2.6

En este ejercicio vamos a solicitar a la máquina que dictamine el tipo de flor entre tres tipos con similares tamaños de tallo y pétalo. Para ello, se va a utilizar un modelo de k-Means que agrupará los tres tipos de flores de acuerdo a los criterios que el propio algoritmo encuentre en los datos.

En primer lugar, abrimos el entorno Orange. Para realizar el ejercicio debemos cargar un widget **File** y un **Select Rows**, ambos de la sección **Data**. Posteriormente cargamos al canvas un modelo de k-Means y un widget **Scatter Plot** de la sección **Visualize**, creando el flujo de trabajo como puede verse en la Figura 2.8.

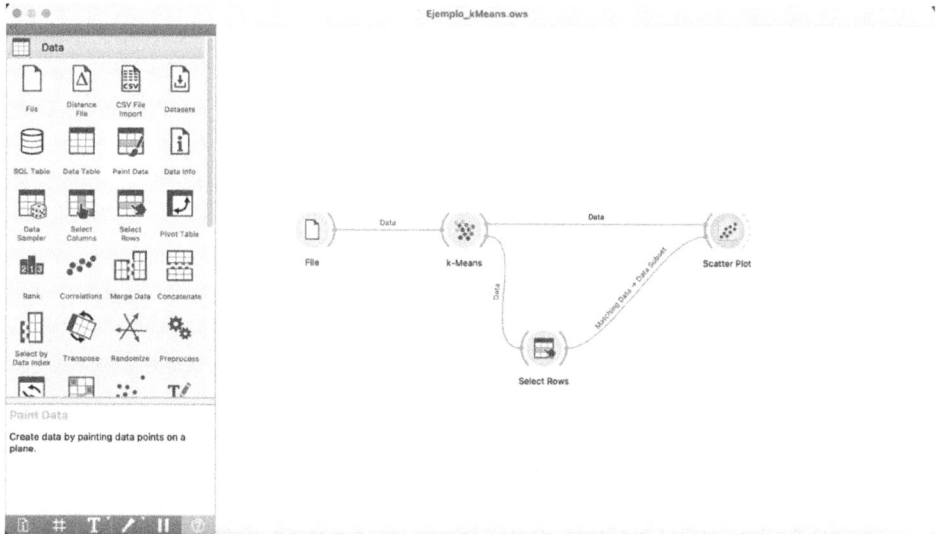

Figura 2.8 Flujo de trabajo para evaluar el rendimiento de un modelo de k-Means en Orange.

El conjunto de datos que se va a utilizar es el **iris dataset**, uno de los más conocidos en ejercicios de machine learning, donde aparecen datos del tamaño del pétalo y tallo de tres flores diferentes. La variable **target** debe ser, por tanto, **iris**, es decir, qué tipo de flor es predicha. Podemos seleccionar todo esto haciendo doble clic en el widget **File**.

El modelo de k-Means deberá utilizar tres clusters, ya que tenemos tres tipos de flores y nos interesa que la máquina aprenda a separar cada tipo. Por otro lado, en el **Scatter Plot** podemos hacer una representación del ancho y el largo de los tallos y los pétalos. En este ejercicio, dejaremos en el eje *x* el ancho del pétalo y en el eje *y* el largo del mismo, de cara a que sea más visual.

Por último, podemos señalar en la figura el cluster que queremos observar utilizando el widget **Select Rows**. Básicamente, como puede verse en la Figura 2.9, seleccionamos en condiciones un cluster de los tres. Podemos también ver más de uno aplicando más condiciones a los datos.

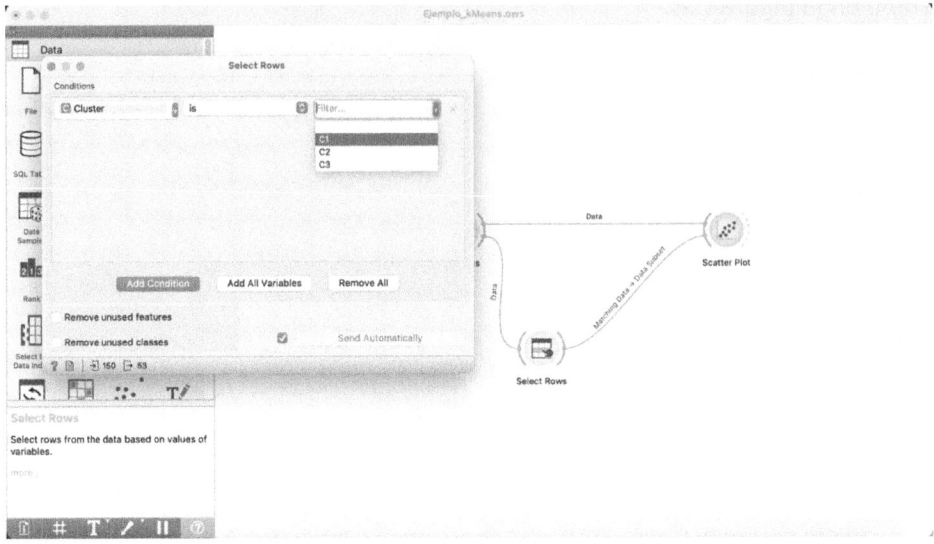

Figura 2.9 Aplicando el modelo de k-Means a un set de datos en Orange.

Una vez realizado esto, ya estamos en disposición de visualizar el efecto del cluster 1, representado en la Figura 2.10 como un relleno en los círculos que indican con cada color el tipo de flor, tal y como muestra la leyenda. Es decir, según el modelo de k-Means que hemos utilizado, definimos tres clusters, donde el cluster 1 considera que la gran mayoría de datos correspondientes a *iris versicolor* pertenecen al mismo, y toma algunos pocos de *iris virginica*. El cluster 2, por otro lado, conforma todas las *iris setosa*. En el cluster 3 ocurre lo contrario que en el 1.

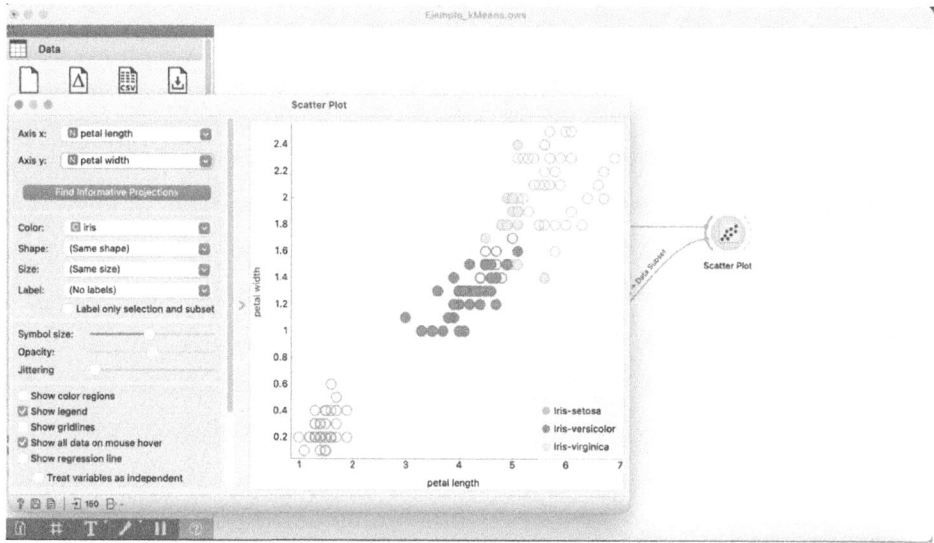

Figura 2.10 Resultados de aplicar el modelo de k-Means a un set de datos en Orange.

2.5.2. t-SNE

El t-SNE o t-distributed stochastic neighbor embedding es un método para visualizar agrupaciones de datos en base a la localización que se le asigne a cada dato, de modo que puede utilizarse para agrupar las observaciones de una muestra de una manera análoga a los métodos vistos anteriormente.

En primer lugar, el algoritmo construye una distribución de probabilidad sobre pares de objetos. Posteriormente, se define una distribución de probabilidad.

2.5.2.1   Ejercicio 2.7

En este ejercicio vamos a explorar el modelo de t-SNE sobre unos datos. En primer lugar, creamos un flujo de trabajo como el que aparece en la Figura 2.11.

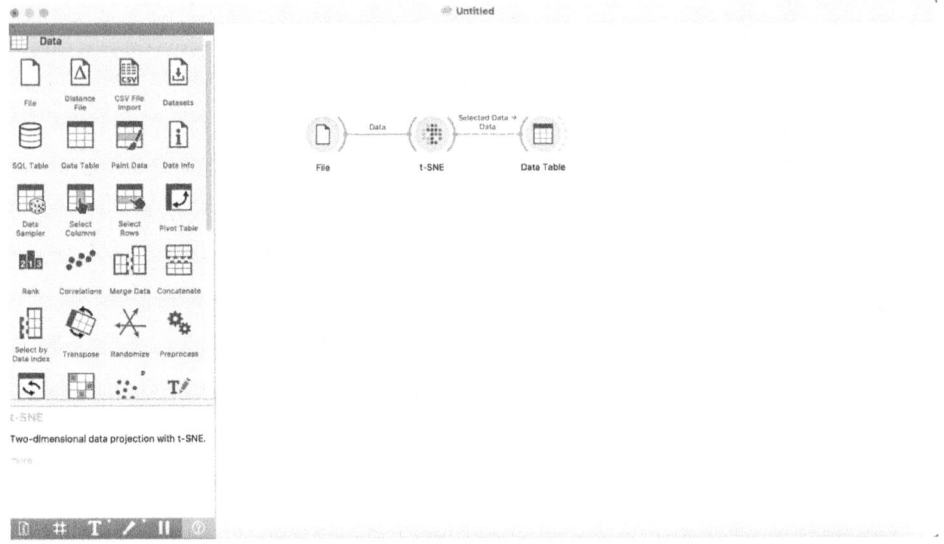

Figura 2.11 Flujo de trabajo para evaluar el rendimiento del modelo t-SNE en Orange.

En el widget **File** cargamos el set de datos **Brown-selected**. Al hacer doble clic en el widget **t-SNE** podemos ver una representación en dos dimensiones donde los datos se agruparán por similitud de genes.

El botón **Start** del panel que se crea al hacer doble clic en el widget debe pulsarse ante cualquier cambio que se haga en los parámetros de la representación del t-SNE. Estos parámetros son:

- **Medida de perplejidad**. Este parámetro puede interpretarse como el número de vecinos cercanos con distancias preservadas desde cada punto. Usando valores pequeños, podemos desvelar clusters locales, mientras que si usamos valores grandes podemos observar las relaciones globales entre los datos.

- **Preservación de la estructura global**. Esta opción combina los valores 50 y 500 del anterior campo, de cara a que se preserven tanto la estructura local como la global.

- **Exageración**. Este parámetro aumenta las fuerzas atractivas entre los puntos, de manera que podamos controlar cómo de compactos son los clusters.

- **Componentes de PCA**. Controla el número de componentes principales (PCA) cuando se calculan las distancias entre puntos.
- **Normalizar datos**. Con esta opción, se normalizan los datos utilizando la media y la desviación estándar.

El resto de opciones, como puede verse, son en general para cambiar el diseño de la representación. Si dejamos los valores por defecto obtenemos la representación de la Figura 2.12.

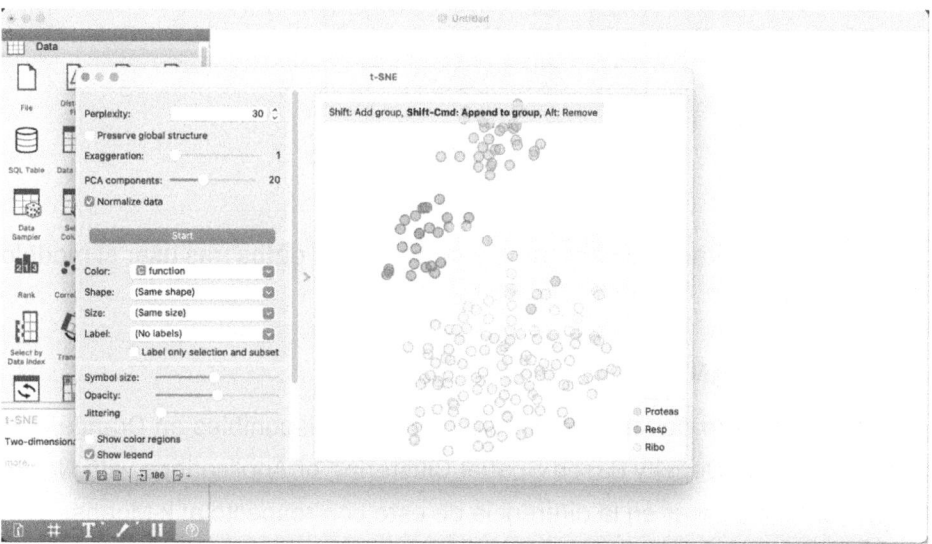

Figura 2.12 Resultados de aplicar el modelo de t-SNE en Orange.

Como puede verse, el usuario puede utilizar el ratón para seleccionar puntos dentro de un área concreta. Esto es especialmente útil para representar una tabla con la función de genes mezclada usando el widget **Data Table**, como puede verse en la Figura 2.13.

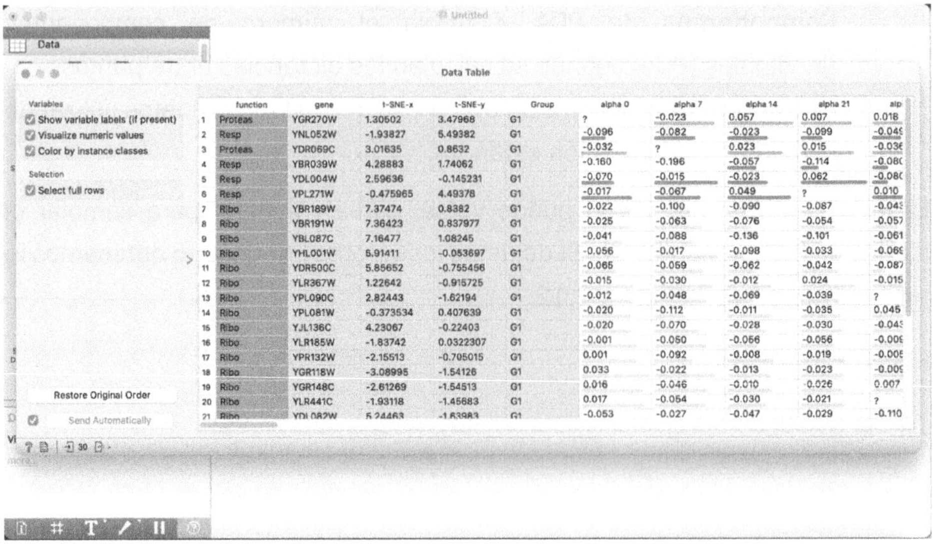

Figura 2.13 Resultados de aplicar una selección de datos tras usar el modelo t-SNE en Orange.

2.5.3. DBSCAN

El DBSCAN es otro de los modelos de clustering disponibles en Orange. Las siglas vienen de Density-Based Spatial Clustering of Applications with Noise, lo que ya hace pensar en la diferencia de este con respecto al k-Means.

En el DBSCAN, los puntos que representan un set de variables (X, Y) de entrada y salida forman un cluster y se agrupan según estén cercanos unos de otros. Se marcan como *outliers* aquellos datos que están muy alejados del resto, es decir, se agrupan puntos según la densidad de estos en una región del mapa de características y se deshechan aquellos puntos que viven en regiones con una baja densidad.

2.5.3.1 Ejercicio 2.8

En este ejercicio vamos a comparar el clustering de los datos del **iris dataset** utilizando el modelo de DBSCAN con el mismo estudio que se hizo con el k-Means. Por tanto, abrimos Orange y cargamos al canvas sendos widgets **File, DBSCAN** y **Scatter Plot** y los conectamos entre ellos de acuerdo a la figura 2.14.

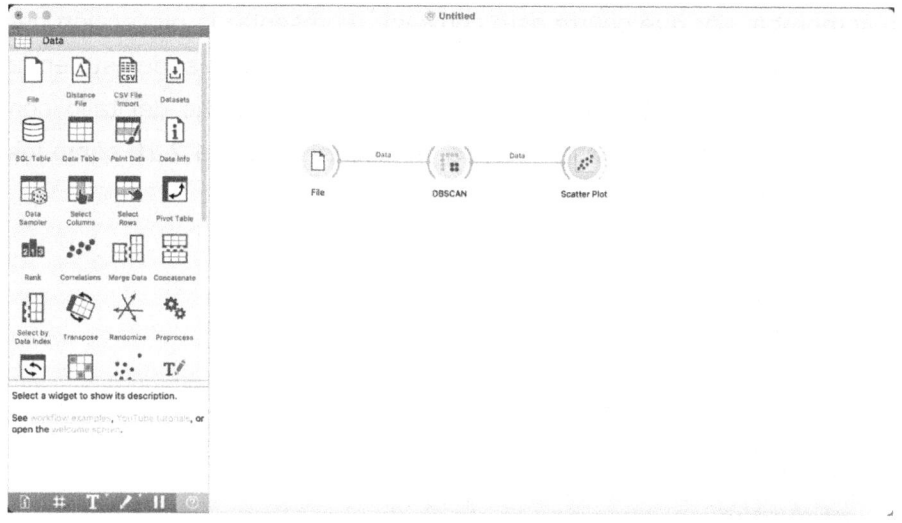

Figura 2.14 Flujo de trabajo para evaluar el rendimiento del modelo DBSCAN en Orange.

Cargamos el conjunto de datos **iris**, fijamos cinco vecinos en los parámetros del DBSCAN y representamos la longitud del pétalo en el eje x y su ancho en el eje y. En la Figura 2.15 podemos ver qué se obtiene bajo estas circunstancias. Si comparamos con el caso de k-Means podemos ver que el DBSCAN es más restrictivo a la hora de unir los puntos a un cluster.

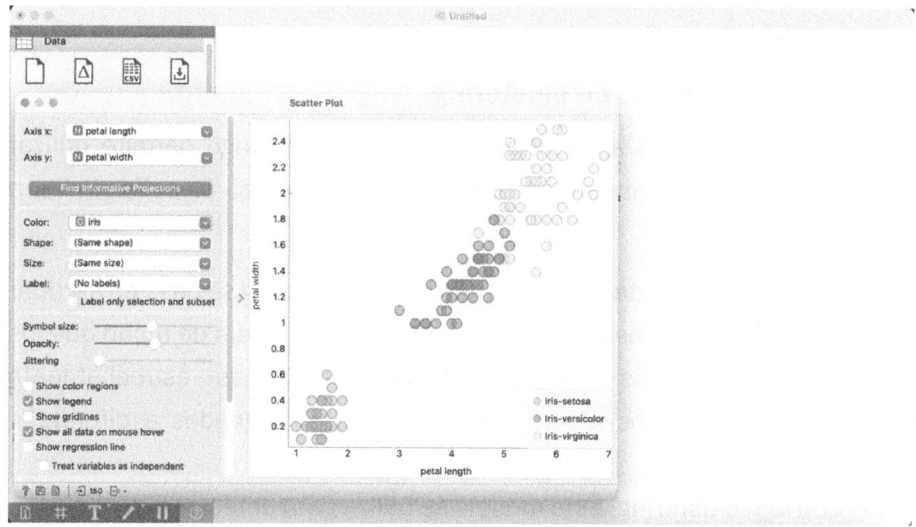

Figura 2.15 Resultados de aplicar el modelo de DBSCAN en Orange.

Para comprobar por qué ocurre esto conviene representar la proyección por cluster y no por variable **target**, lo que puede hacerse cambiando esto en la pestaña **Color** del **Scatter Plot**. Si representamos el ancho del tallo con respecto a la longitud bajo esta tesitura, vemos en la Figura 2.16 cómo los puntos se diferencian por clusters según su vecindad.

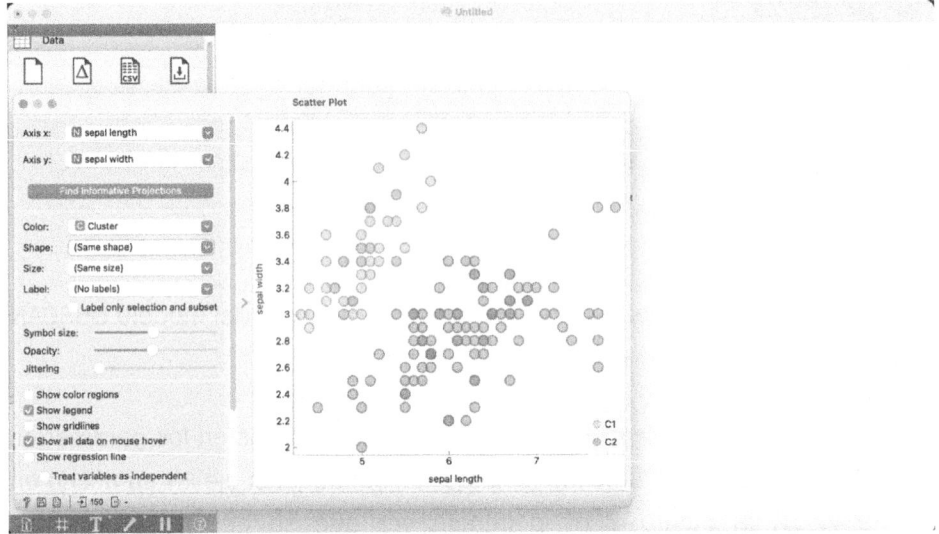

Figura 2.16 Representación de clusters tras usar el modelo DBSCAN en Orange.

2.5.4. Otros métodos de clustering

Además de los métodos anteriormente explicados, Orange permite utilizar otros modelos de clustering menos comunes pero con una filosofía similar a los anteriores, a saber:

- **Hierarchical clustering.** Este método de clustering se basa en agrupar un conjunto de observaciones en diferentes clusters de modo que los datos contenidos en cada grupo estén más estrechamente relacionados unos a otros que los objetos asignados a diferentes grupos.

- **Louvain clustering**. Este modelo se utiliza para detectar agrupaciones en grandes cantidades de datos con una alta varianza.

Más particularmente, evalúa cómo de densa es la conexión entre un nodo y una agrupación, y en base a esto une agrupaciones entre sí, de modo que es también un modelo de clustering jerárquico.

CAPÍTULO 3
ANÁLISIS DE BASES DE DATOS

3.1. Sobre la calidad de las bases de datos

La calidad de los datos es un factor crítico para la realización de un análisis de los mismos, así como para el entrenamiento de cualquier modelo de machine learning. Los modelos de machine learning aprenden patrones a partir de los datos que se les proporcionan, por lo que la calidad de los datos utilizados para entrenar el modelo afecta directamente a la calidad y precisión del modelo resultante. Es importante señalar que la calidad de los datos está determinada por factores tales como la exactitud, la integridad, la relevancia y cómo de actualizados estén.

Así, por ejemplo, si los datos de entrenamiento son inexactos, incompletos o contienen errores, el modelo de machine learning puede aprender patrones incorrectos o sesgados. Además, los errores en los datos de entrenamiento pueden hacer que el modelo sea menos preciso.

Por otro lado, si los datos de entrenamiento son de alta calidad, precisos y representativos del problema que se está tratando de resolver, el modelo resultante será más preciso y efectivo. Los datos de alta calidad también pueden ayudar a identificar y evitar problemas de sesgo en el modelo.

Es importante tener en cuenta que el mantenimiento de la calidad de los datos es un proceso continuo. Los datos pueden cambiar con el tiempo, y es importante actualizar y mantener los datos de entrenamiento para asegurarse de que el modelo de machine learning siga siendo preciso y relevante.

En resumen, la calidad de los datos es esencial para el entrenamiento de modelos de machine learning precisos y confiables. Por lo tanto, es importante prestar atención a la calidad de los datos y asegurarse de que sean precisos, completos y representativos del problema que se está tratando de resolver.

En este capítulo, se mostrarán las capacidades de Orange para mejorar la calidad de las bases de datos que el usuario puede utilizar para entrenar modelos como los vistos en el capítulo anterior.

3.2. Detección de espurios y de posibles agrupaciones en el conjunto de datos

Una posible definición de espurio o *outlier* es aquella muestra del conjunto de datos que se encuentra excepcionalmente alejada de las demás.

Así, se puede decir que un espurio es una observación que no sería predicha por un modelo que hiciese uso del conjunto de datos disponible. En el caso de los modelos de regresión, serían aquellas observaciones cuyo residuo en valor absoluto fuera grande en comparación con el resto de la muestra.

Una forma de detectar espurios es a través del gráfico cuantil-cuantil. Además, también existen test estadísticos para espurios.

Antes de eliminar los espurios de una base de datos se debe estudiar cuidadosamente la causa de estos, sobre todo en muestras de pequeño tamaño, dado que un dato aparentemente espurio puede ser el resultado de una distribución leptocúrtica (muy puntiaguda). En este caso, los datos considerados como espurios podrían ser realmente un subconjunto dentro de la propia muestra.

En este ejercicio vamos a mostrar la capacidad de Orange para crear un proyecto de detección de espurios. Para ello, debemos cargar tres widgets al canvas: un **File**, un **Data Table** y un **Outliers**, todos contenidos en la sección **Data** de la esquina superior izquierda de la pantalla. Conectamos los widgets tal y como puede verse en la Figura 3.1.

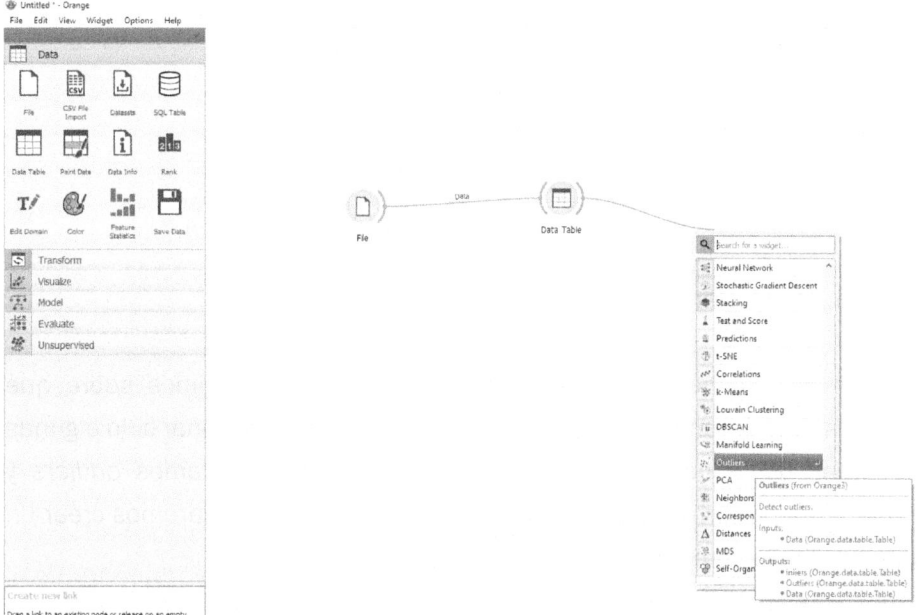

Figura 3.1 Flujo de trabajo para una detección de *outliers* con Orange.

Para dictaminar si existen *outliers* en nuestros datos, necesitamos indicarle a Orange un método de detección. En este caso utilizamos el **local outlier factor method**, dejando los demás parámetros tal y como vienen por defecto.

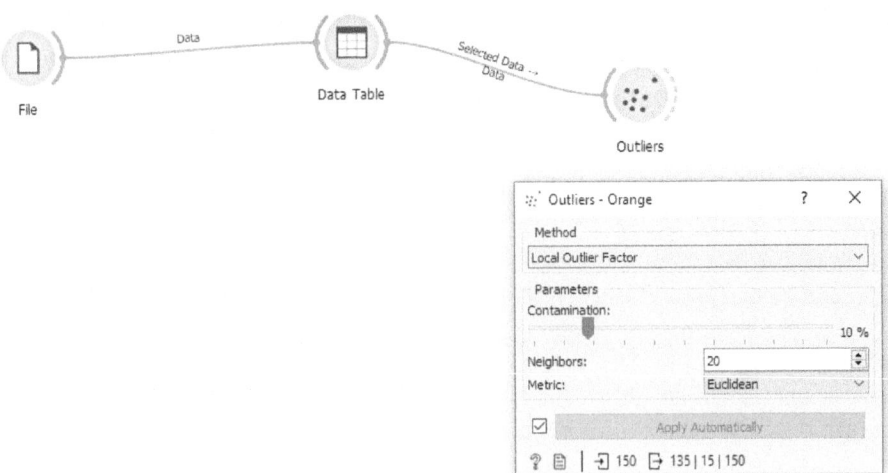

Figura 3.2 Selección de un método de detección de *outliers*.

Escogemos el fichero de datos **iris**. Posteriormente, elegimos sobre qué variables detectaremos espurios. También podemos seleccionar solo algunas categorías de la flor de iris. Una vez hecho esto, detectamos *outliers* y representamos con un **Scatter Plot**. Para hacer esto, necesitaremos crear un flujo de trabajo como el de la Figura 3.3.

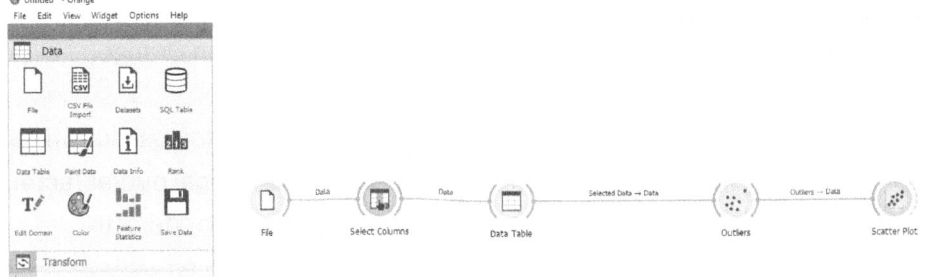

Figura 3.3 Flujo de trabajo para la detección y representación de espurios.

3.2.1. Local Outlier Factor

El Local Outlier Factor es un algoritmo para la detección de *outliers*. Este algoritmo identifica los espurios en función de su posición y en comparación con el resto de los puntos de la muestra.

Se basa en un concepto de densidad local, donde dicho valor viene dado por los *k* vecinos más cercanos, cuya distancia se utiliza para estimar la densidad. Al comparar la densidad local de un objeto con las densidades locales de sus vecinos, se pueden identificar regiones de densidad similar y puntos que tienen una densidad sustancialmente menor que sus vecinos. Estos se consideran valores atípicos.

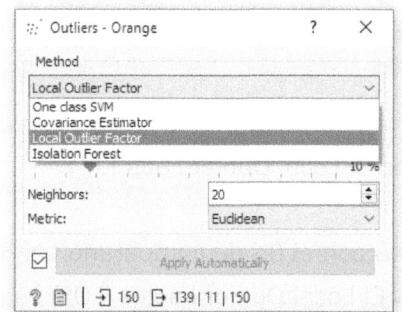 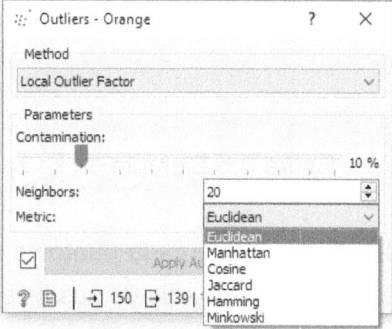

Figura 3.4 Método de detección de espurios Local Outlier Factor.

La k-distancia es la distancia entre el punto objeto de análisis y el k-ésimo vecino más cercano. La distancia se puede calcular haciendo uso de distintas métricas, a saber, euclídea, Manhattan, Minkowski, Cosine, Jaccard y Hamming, algunas de las cuales fueron explicadas en el capítulo 2 de este libro.

Si K = 2, los k-vecinos de A serán C, B y D. En este caso, aunque el valor de K es igual a 2 resulta que la k-distancia $||N_2(A)|| = 3$. Lo que sucede es que existen dos puntos D y B que están a igual distancia de A, tal y como puede observarse en la Figura 3.5.

En este contexto puede definirse la *reachability density* (RD) como el valor máximo entre la k-distancia de un punto y la distancia de este a otro punto distinto. Más aún, puede definirse la *local reachability density* (LRD) como el valor inverso de la distancia media de la RD a sus vecinos. Este nos indica cómo de lejos está un punto del cluster de puntos más cercanos. Por tanto, valores más bajos que la LRD significan que el cluster más próximo está lejos del punto.

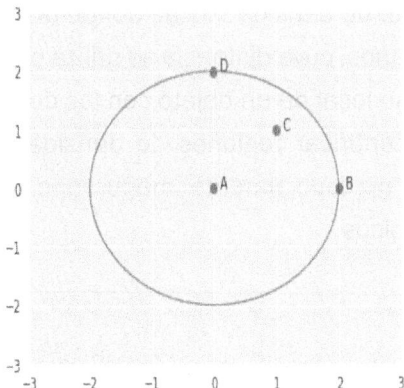

Figura 3.5 Ejemplo de k-vecinos en el Local Outlier Factor.

El valor de la LRD de cada punto se emplea con el fin de compararlo con el valor de la LRD promedio de sus k-vecinos. El Local Outlier Factor (LOF) es la ratio del valor medio de la LRD de los k-vecinos de A con la LRD de A.

Intuitivamente, si el punto no es un *outlier,* la ratio será próxima a 1. Generalmente, si LOF > 1, se suele considerar que se trata de un *outlier*. Pero, si se quiere considerar únicamente como *outlier* un número de puntos determinado, se toman los de mayores valores que el LOF.

3.2.2. Otros métodos para calcular *outliers*

Existen otros métodos en Orange que permiten el cálculo de *outliers*; dichos métodos que también permiten el cálculo de outliners son los que se listan a continuación:

- **One class SVM**: Clasifica los datos en pertenecientes a la clase principal y no pertenecientes a ella. Se basa en una máquina de vectores de soporte (véase el capítulo 6 de este libro). Este método tiene como principales parámetros los dos siguientes:
  - ○ Nu: Parámetro que determina la fracción de errores admisibles con respecto al margen.
  - ○ Kernel coefficient: Indica la influencia que puede tener un dato individual en la determinación del margen.

- **Covariance estimator:** Hace uso de la métrica de distancia de Mahalanobis. Este método tiene como principales parámetros los dos siguientes:

   o **Contamination:** Es la proporción de *outliers* considerada en el conjunto de datos.

   o **Support fraction:** Especifica la proporción de puntos incluida para la estimación.

- **Isolation forest:** Aísla cada observación seleccionando de manera aleatoria sus características y fijando sobre la característica seleccionada un punto de corte aleatorio. Este método tiene como principales parámetros los dos siguientes:

   o **Contamination:** Fija la proporción de *outliers* en el conjunto.

   o **Replicable training:** Fija una semilla aleatoria para hacer el estudio reproducible.

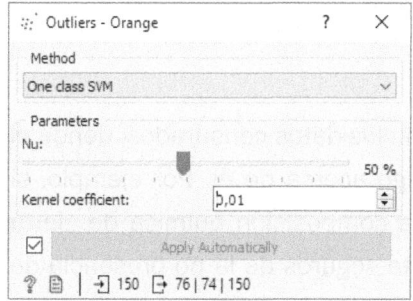 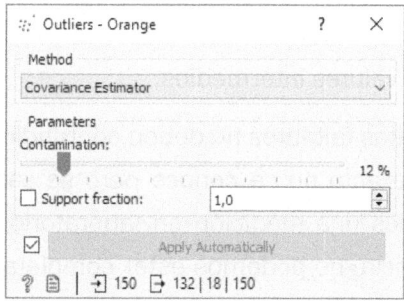

Figura 3.6 Otros métodos para la detección de *outliers*.

3.3. Exploración de datos faltantes

En muchos casos, algunas instancias no disponen de valores para una o varias de sus variables. Es importante conocer el motivo por el que faltan dichos valores. En primer lugar, es de interés conocer si existe algún patrón en los datos faltantes, es decir, alguna relación entre los datos que faltan y los valores que podrían haber alcanzado.

En caso de existir algún tipo de relación o patrón, esto se puede denominar «falta de datos informativa», dado que el propio patrón de los datos que faltan proporciona información sobre los mismos. En los casos en los que esto ocurre, el no disponer de los datos faltantes puede generar sesgos en el modelo.

Un ejemplo de esto podría ser la respuesta de los pacientes a cierto fármaco. Si se supone que el fármaco tuvo una eficacia extremadamente baja o tiene efectos secundarios muy relevantes, los pacientes presentarán una alta probabilidad de abandonar el estudio. En este caso, existe una relación clave entre los datos faltantes y los efectos del tratamiento por medio de dicho fármaco.

Otro ejemplo podría ser la valoración de los productos en Internet. Los usuarios son más proclives a valorar los productos cuando tienen opiniones o bien muy buenas, o bien malas acerca de los mismos. En este caso, los datos se encontrarán concentrados en ambos extremos de la escala y existirán pocos valores intermedios.

Los datos faltantes no deben confundirse con los datos censurados, donde el valor exacto no se conoce pero se sabe algo acerca de él. Por ejemplo, si tenemos una medición en laboratorio de la composición química de cierta sustancia, no podemos estar completamente seguros de la no presencia de cierto componente si el laboratorio no es capaz de detectarlo, pero sí de que en caso de estar presente lo estará por debajo del valor mínimo que se pueda medir en el laboratorio.

En el caso de la medida de cierto componente por debajo del valor más pequeño detectable en el laboratorio, una forma de introducir un valor sería dando una cantidad aleatoria entre el 0 y el valor más bajo detectable en dicho laboratorio.

Se debe vigilar con especial interés que los datos faltantes no se concentren en un subconjunto del conjunto total de la información disponible. También es de interés tener en cuenta qué proporción de datos faltantes corresponde a cada variable. En caso de que una proporción elevada de los datos faltantes corresponda a una variable, debe valorarse si es conviene eliminarla del estudio.

Así, en conjuntos de datos grandes donde los datos faltantes lo sean de forma aleatoria, no resulta un problema eliminar las instancias que contengan datos faltantes, pues no introducen sesgo alguno en la base de datos.

En este ejercicio vamos a explorar un conjunto de datos con Orange. En primer lugar, vamos a cargar un conjunto de datos de ejemplo que tengan a propósito información faltante, en este caso el llamado imputación **faltantes.csv**. Escogemos el widget **CSV File Import** de la sección **Data**, que nos permite cargar un csv, y exploramos su contenido.

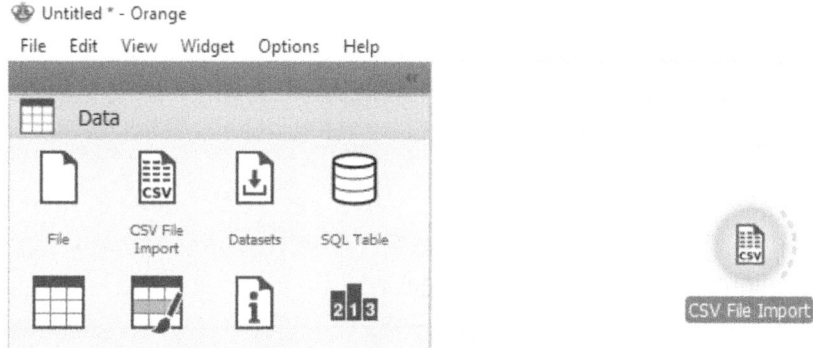

Figura 3.7 Carga de datos en un archivo .csv con Orange.

Haciendo doble clic en el widget podemos explorar el set de datos.

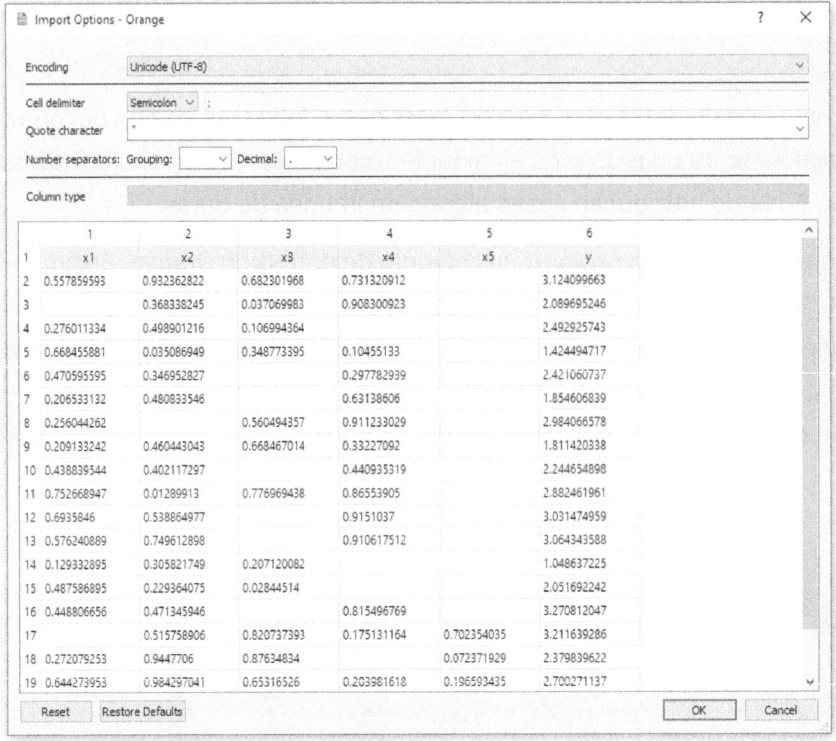

Figura 3.8 Exploración de datos con Orange.

3.4. Sobre los tipos de datos faltantes

Los datos faltantes se pueden clasificar en las siguientes categorías:

- **Missing completely at random (MCAR):** Datos faltantes de forma completamente aleatoria. La probabilidad de que falte un valor de cierta variable no está relacionada ni con el valor específico que toma dicha variable ni con el conjunto de respuestas observadas en otras variables de esa misma instancia.

- **Missing at random (MAR):** Faltantes aleatorios. La probabilidad de que la respuesta falte depende del conjunto de los valores observados en otras variables de la misma instancia, pero no depende del valor que se podría haber obtenido en la variable en la que no se dispone de valor.

- **Not missing at random (NMAR):** Valores no faltantes de manera aleatoria. Este caso se produce cuando, a diferencia de MAR, la probabilidad de que un valor sea faltante está relacionada con los valores específicos que deberían haberse obtenido, además de con los valores obtenidos en las variables que se conocen.

3.5. Aplicación de metodologías de imputación

En caso de que no eliminemos las instancias con datos faltantes, estos se pueden o bien imputar, o bien hacer uso de alguna técnica que sea capaz de trabajar con datos faltantes (esto es común en las metodologías basadas en árboles).

La imputación de datos faltantes puede considerarse como una fase más del proceso de modelización matemática. A la hora de realizar la imputación, de lo que se trata es de conocer el valor de aquella información que no se conoce a partir de la información de la que sí se dispone en la base de datos.

Nótese que el hacer uso de técnicas de imputación añade una cierta incertidumbre a los resultados de las etapas posteriores.

3.5.1. Ejercicio 3.1

En este ejercicio vamos a hacer una revisión de las diferentes técnicas de imputación que permite Orange, de cara a solventar un problema de datos faltantes en nuestro set. Para ello, cargamos al canvas los widgets **Lectura de datos desde fichero CSV**, **Visualización tabla de datos** e **Imputación datos faltantes** y los conectamos como está representado en la Figura 3.9.

Como podemos ver, si hacemos doble clic en el widget **Imputación datos faltantes**, Orange nos permite las siguientes opciones:

- **Don't impute**: No realiza imputación alguna de los datos faltantes.
- **Average/Most-frequent**: Hace uso de la media en las variables continuas o de la moda en las variables categóricas.
- **As a distinct value**: Crea nuevos valores que reemplazan a los faltantes.

- **Model-based imputer (simple tree):** Construye un modelo para la predicción de los valores faltantes basado en los valores de otros atributos. Lo que hace el modelo por defecto es tomar el valor faltante del vector más parecido que haya en el conjunto de datos.
- **Random values:** Calcula la distribución de los valores de cada atributo y los imputa eligiendo valores de manera aleatoria en la distribución.
- **Remove examples with missing values:** Elimina las muestras que contienen valores faltantes.

Figura 3.9 Imputación de datos faltantes con Orange.

Nótese que se puede definir un tratamiento específico de los datos faltantes para cada una de las variables. Además, también es posible indicar un valor concreto que deba ser el que se impute a los datos que faltan.

Si está marcado el tick de **Apply Automatic**, los cambios que se introduzcan se aplican de forma automática, mientras que, en caso de no hacerlo, resulta necesario pulsar el botón.

3.6. Escalado de las variables

La transformación de datos más sencilla y común consiste en centrar la escala de predicción de la variable. Para centrar una variable predictora, se le resta a cada valor el promedio de la variable. Como resultado del centrado, la variable pasa a tener una media igual a cero.

De forma similar, para escalar los datos, cada valor se divide por la desviación estándar de la variable. El escalado de los datos conlleva que estos tengan un valor de desviación estándar igual a 1. Este tipo de transformaciones se emplean para mejorar la estabilidad numérica de algunos modelos matemáticos.

Otro tipo de transformación que se emplea con gran frecuencia consiste en hacer un cambio de escala de la variable de manera que todos los valores de esta se encuentren en el intervalo [0, 1].

3.6.1. Ejercicio 3.2

En este ejercicio vamos a revisar las diferentes opciones de normalización de datos que permite Orange. En primer lugar, debemos diseñar un flujo de trabajo como el que viene representado en la Figura 3.10. Por tanto, debemos cargar al canvas los widgets **File**, **Preprocesar datos** y **Grabar resultado**, de manera que podamos guardar en un archivo los datos renormalizados.

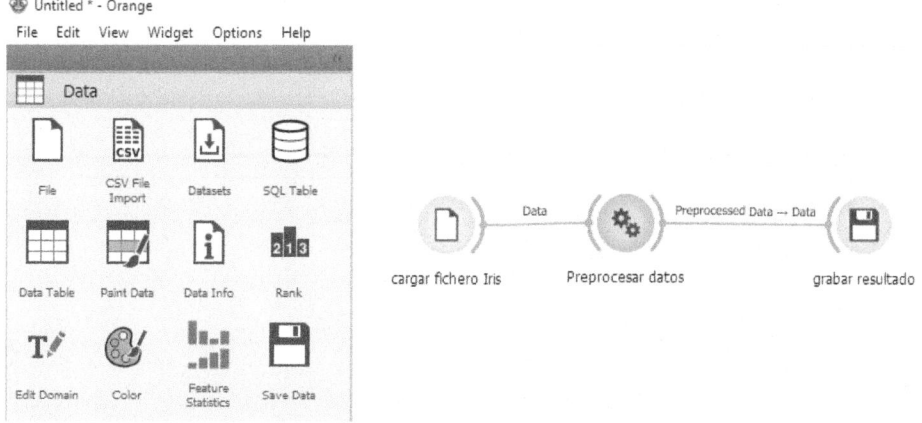

Figura 3.10 Flujo de trabajo para la normalización de datos con Orange.

En el widget **File** cargamos el conjunto de datos **Iris**, mientras que, haciendo doble clic en el widget, podemos realizar cambios (denominados preprocesado de datos) en los datos antes de analizarlos. Algunos de estos preprocesamientos consisten en discretizar variables continuas y viceversa, imputar datos faltantes, seleccionar características importantes o aleatorias en los datos o realizar un análisis de componentes principales (PCA).

En este caso clicaremos en el apartado de **Normalización**, donde realizaremos los cinco tipos de normalización que nos permite Orange:

- **Estándar.** Se toman la media y la desviación estándar y se normalizanlos datos a media $\mu = 0$ y desviación estándar $\sigma^2 = 1$.

- **Centrada.** Se toma la media y se normalizan los datos conforme a esta igual a 0.

- **Escalada.** Se toma la varianza y se normalizan los datos conforme a esta igual a 1.

- **Normalizada al intervalo [-1,1].** El valor máximo de la muestra de datos se toma como 1 y el mínimo se toma como -1.

- **Normalizada al intervalo [0,1].** El valor máximo de la muestra de datos se toma como 1 y el mínimo se toma como 0.

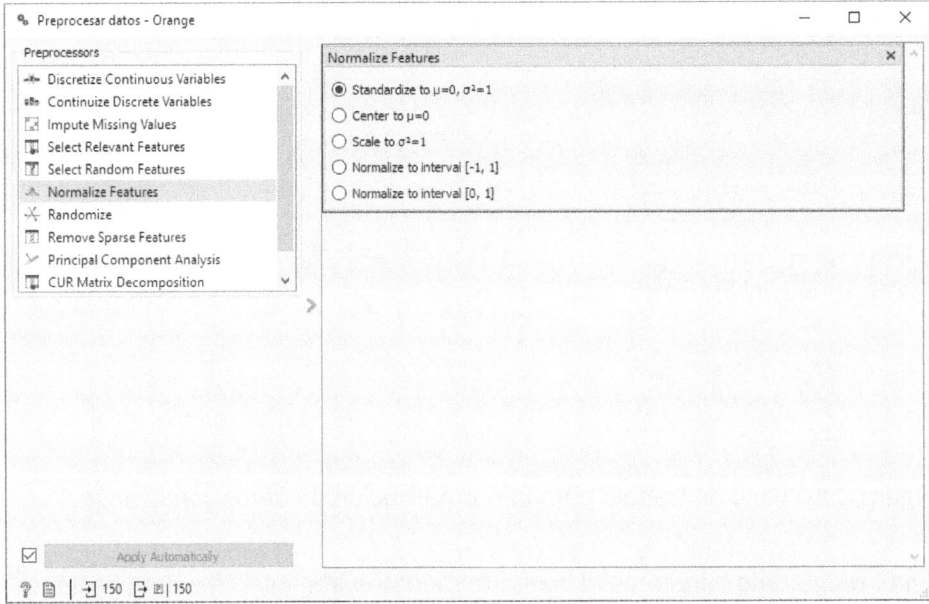

Figura 3.11 Tipos de normalización de datos que permite Orange.

3.6.2. Ejercicio 3.3

En este ejercicio vamos a importar los ficheros en Orange e inspeccionar el aspecto que tienen. Para ello, haremos uso de los formatos CSV mediante el widget **CSV File Import**. También debemos añadir un **Data Table**, un **Edit Domain** y un **Feature Statistics**, todos de la sección **Data** en Orange. Conectamos estos elementos entre sí como puede observarse en la Figura 3.12.

Figura 3.12 Flujo de trabajo para importar ficheros e inspeccionar su aspecto en Orange.

El widget **Edit Domain** permite, haciendo doble clic en él, cambiar los nombres de las variables y las categorías. Un ejemplo de esto puede verse en la Figura 3.13.

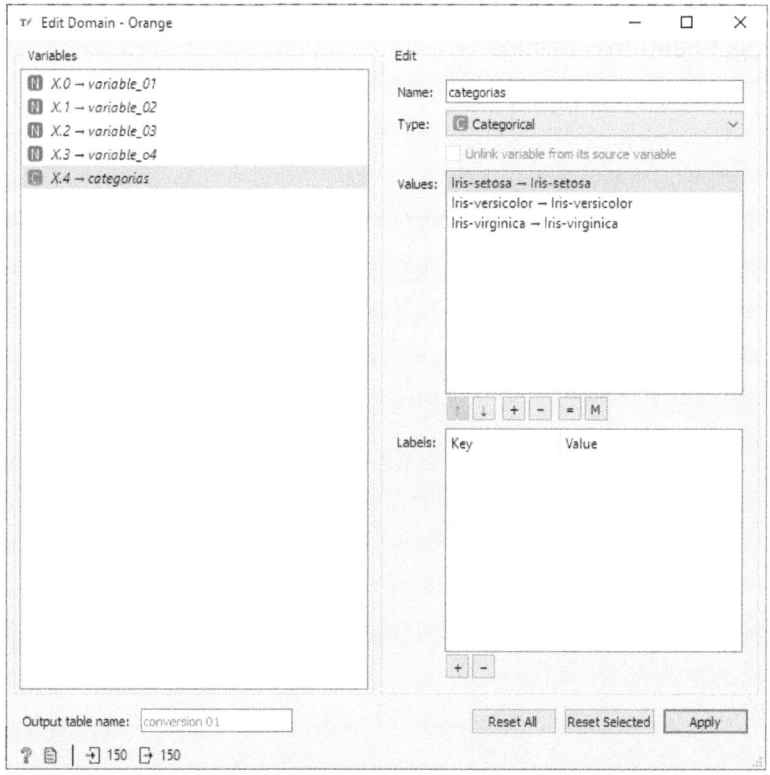

Figura 3.13 Widget Edit Domain.

Además, podemos inspeccionar el aspecto de las variables con la ayuda de **Feature Statistics**. Haciendo doble clic en él, obtenemos lo que puede verse en la Figura 3.14.

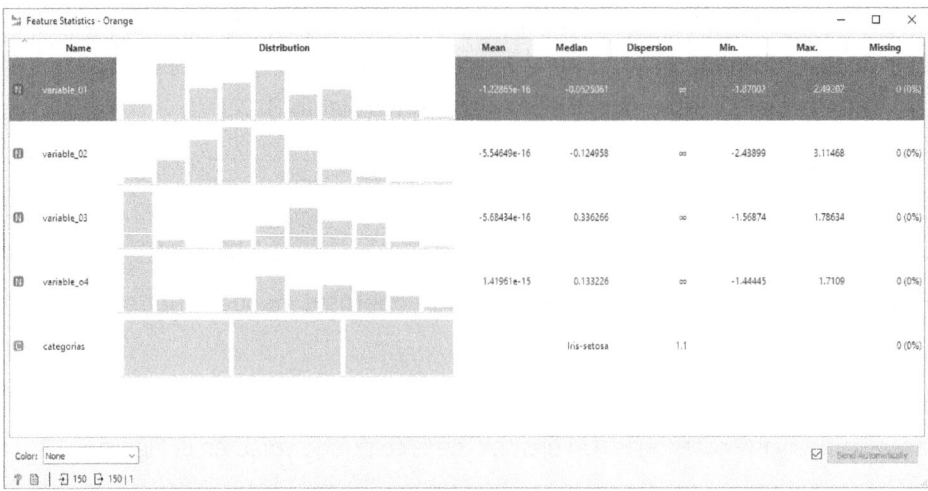

Figura 3.14 Widget Feature Statistics.

CAPÍTULO 4
VISUALIZACIÓN DE DATOS

4.1. Introducción al análisis exploratorio

El análisis exploratorio de datos es un proceso que consiste en realizar investigaciones sobre los datos para descubrir patrones, detectar anomalías, probar hipótesis y verificar suposiciones con la ayuda de información estadística resumida y representaciones gráficas.

Orange es una herramienta que permite la visualización de datos y los widgets de visualización incluyen, entre otros, diagramas de dispersión, *boxplots*, así como algunas visualizaciones específicas, como dendrogramas, gráficos de silueta y árboles de visualización.

Debe recordarse que la visualización de los datos en Orange es interactiva y que resulta también posible su modificación en tiempo real cargando, por ejemplo, un nuevo fichero de datos y viendo de inmediato su representación gráfica. Además, también resulta posible señalar puntos sobre un conjunto de datos.

Orange incluye muchos tipos estándar de visualización. Así, por ejemplo, los gráficos de dispersión resultan de gran utilidad a la hora de visualizar correlaciones entre pares de variables.

4.1.1. Visualizaciones inteligentes

En ocasiones, existen demasiadas opciones para la visualización de un conjunto de variables, es decir, sería posible la representación de muchas características distintas. Por tanto, se tiene que elegir qué características son las que se deben representar de manera gráfica. Es en estos casos cuando los sistemas de ayuda a la visualización resultan de gran interés.

Así, en los gráficos de dispersión de Orange, esta funcionalidad se denomina Score Plots. Cuando se proporciona información relativa a las clases, los Score Plots son capaces de encontrar las proyecciones con la mejor separación entre ellas. Un ejemplo se muestra en la Figura 4.1.

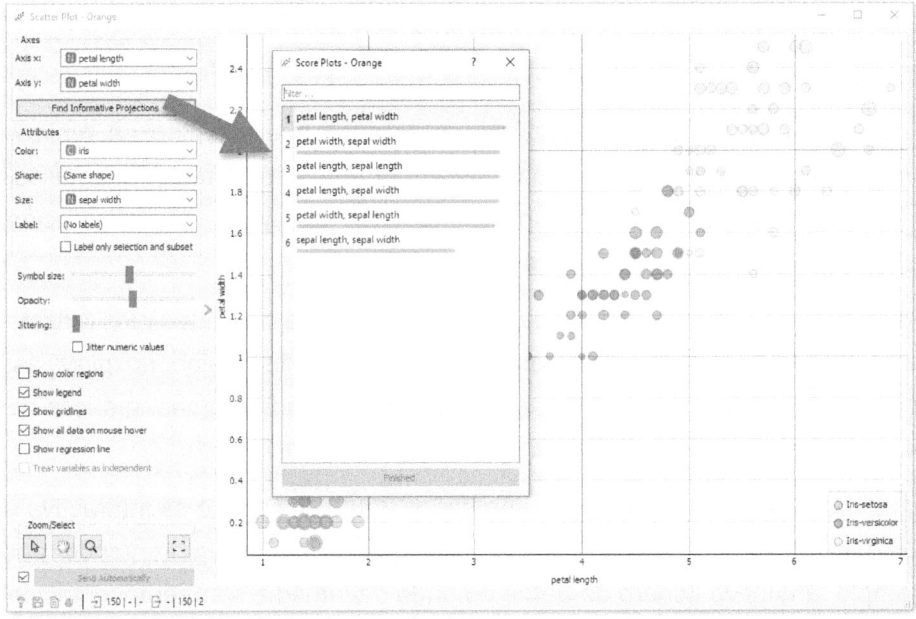

Figura 4.1 Score Plots para poder elegir las características que se requiere representar.

Orange incluye muchos tipos estándar de visualización. Así, por ejemplo, los gráficos de dispersión resultan de gran utilidad a la hora de visualizar correlaciones entre pares de variables y los *boxplots* sirven para la visualización de la distribución de los datos y de algunos de los valores estadísticos fundamentales (percentil 25, mediana y percentil 75), mientras que los mapas de calor proporcionan una visión de conjunto de ciertas variables de una base de datos y los gráficos de proyección, tal y como su nombre indica, sirven para la proyección de datos multivariantes en dos dimensiones. También existe otro tipo de gráficos denominados gráficos de violín con algunas características similares a las de los *boxplot*.

Más allá de las capacidades de visualización esperables en un programa como Orange, este incluye además algunas otras características de gran interés. Así, por ejemplo, tenemos widgets para gráficos de sombra que permiten analizar el resultado de las clusterizaciones, gráficos de mosaico y diagramas de Sieve, que permiten explorar las interacciones entre variables, así como realizar representaciones gráficas en forma de árbol.

En Orange, las visualizaciones interactivas permiten el análisis exploratorio de datos. De este modo, resulta posible seleccionar subconjuntos de datos directamente de los gráficos y de sus tablas y hacer el proceso completo de análisis únicamente de tales subconjuntos.

Además, Orange facilita en gran medida la creación de informes, haciendo así que las visualizaciones e información de mayor relevancia sobre un modelo se puedan añadir a un informe por medio de un solo clic.

Nótese también que en Orange los gráficos se pueden exportar en distintos formatos. Pulsando el icono abajo a la izquierda del menú, se abre la ventana que permite escoger el formato en el que se quiere guardar el grafico (Figura 4.2).

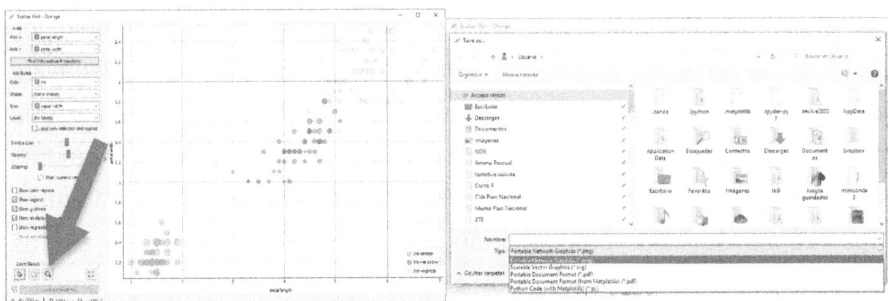

Figura 4.2 Cómo escoger el formato para guardar el fichero.

Orange también permite la creación de informes en formato html una vez pulsado el botón **Save**. El resultado es lo que se describe en la Figura 4.3.

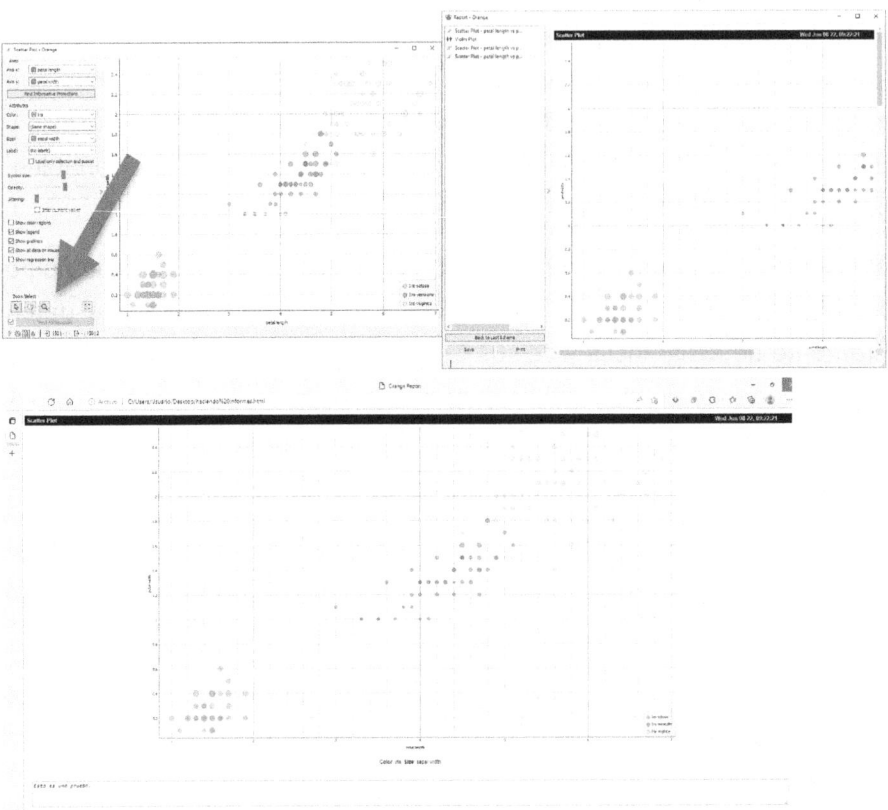

Figura 4.3 Creación de informes en formato html.

Además, siempre en la parte baja del menú (Figura 4.4), pulsando en el cuarto icono, se abre el menú para la modificación de gráficos (Visual Settings) que nos permite el cambio del tamaño de letra, tipo de fuente y otras pequeñas modificaciones de los gráficos.

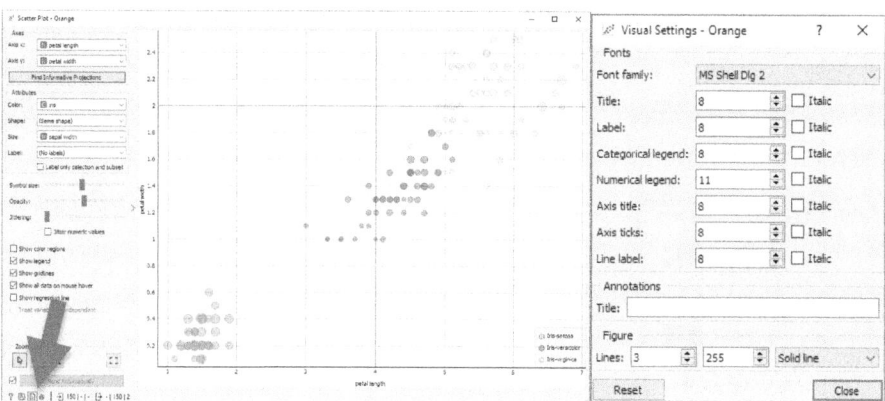

Figura 4.4 Menú de modificación de gráficos.

4.2. Gráficos de dispersión

Los gráficos de dispersión son un tipo de gráfico que ya hemos visto en el capítulo 1.

El ejemplo siguiente se obtiene escogiendo la base de datos **Adult**, como en la Figura 4.5:

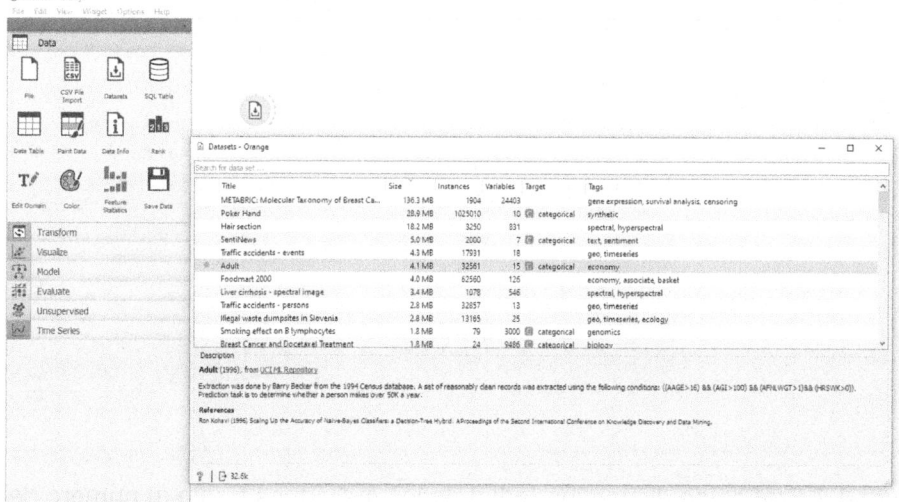

Figura 4.5 Base de datos Adult.

Creamos este flujo de trabajo y representamos la edad de los individuos frente al número de horas que trabajan a la semana. Añadimos el widget de tabla de datos y el gráfico de dispersión con los dato seleccionados (Figura 4.6):

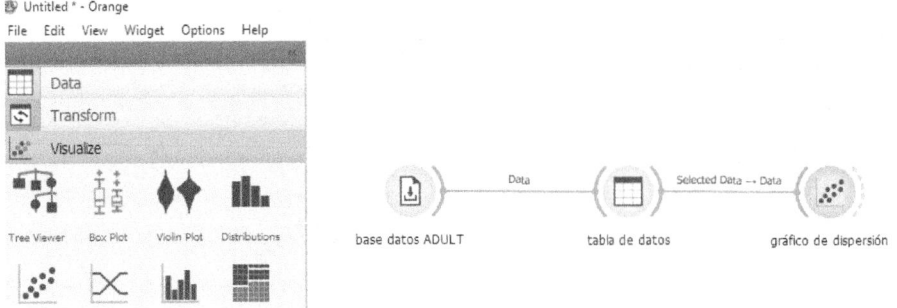

Figura 4.6 Tabla de datos y gráfico de dispersión.

Una vez creado este flujo de trabajo, representamos la edad de los individuos frente al número de horas que trabajan a la semana en el gráfico de dispersión. El resultado es lo que se muestra en la Figura 4.7.

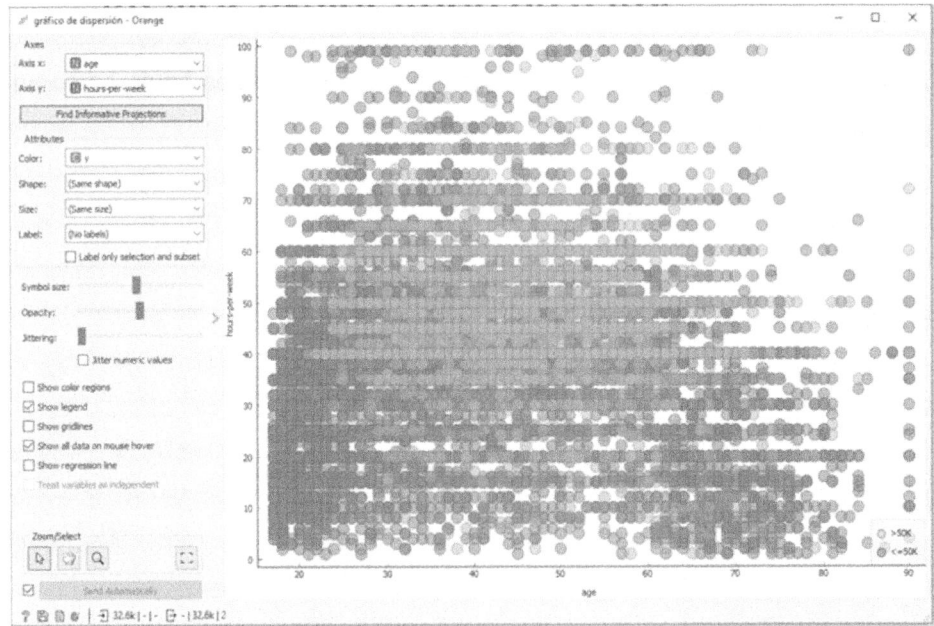

Figura 4.7 Gráfico de dispersión (edad de los individuos frente al número de horas que trabajan).

Sobre este gráfico se pueden hacer más operaciones. Por ejemplo, asignamos un color en función del estado civil del individuo (Figura 4.8) cambiando el atributo en el menú de la izquierda:

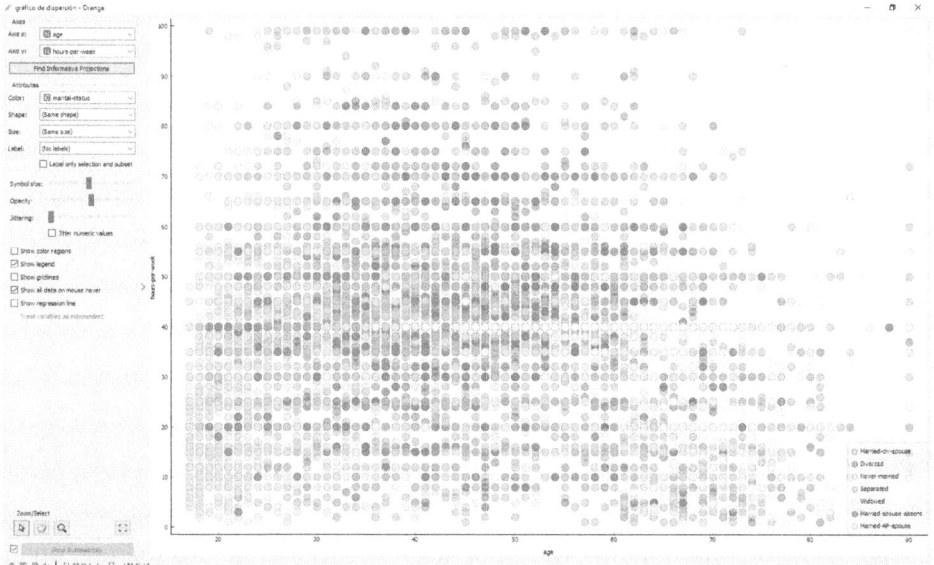

Figura 4.8 Color en función del estado civil.

4.3. Gráficos de cajas

En estadística, un gráfico de caja o *boxplot* es un método para mostrar gráficamente los grupos de regresión local, margen y asimetría de datos numéricos a través de sus cuartiles. Además del cuadro, en un gráfico de caja puede haber líneas que se extiendan desde el cuadro para indicar la variabilidad fuera de los cuartiles superior e inferior. Los espacios en cada subsección del diagrama de caja indican el grado de dispersión (propagación) y asimetría de los datos. En general los diagramas de caja se pueden dibujar horizontal o verticalmente.

Como ejemplo, se pude hacer un *boxplot* de los individuos por edad seleccionando la variable en el menú de la izquierda, como se muestra en la Figura 4.9:

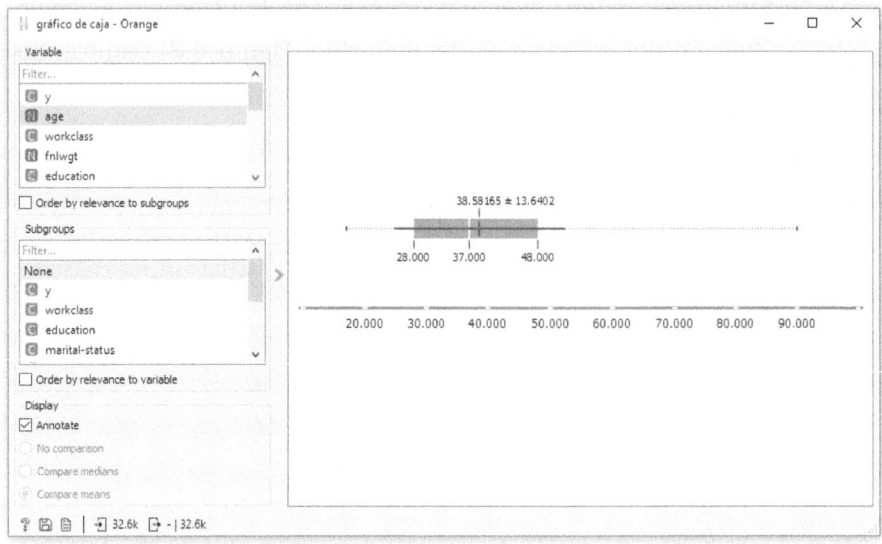

Figura 4.9 Ejemplo de *boxplot*.

Luego se puede repetir para dividir por sexo seleccionando el subgrupo en el menú. Además, se obtiene el resultado de un test estadístico de comparación de medias (el **Student's t** en el caso de la Figura 4.10).

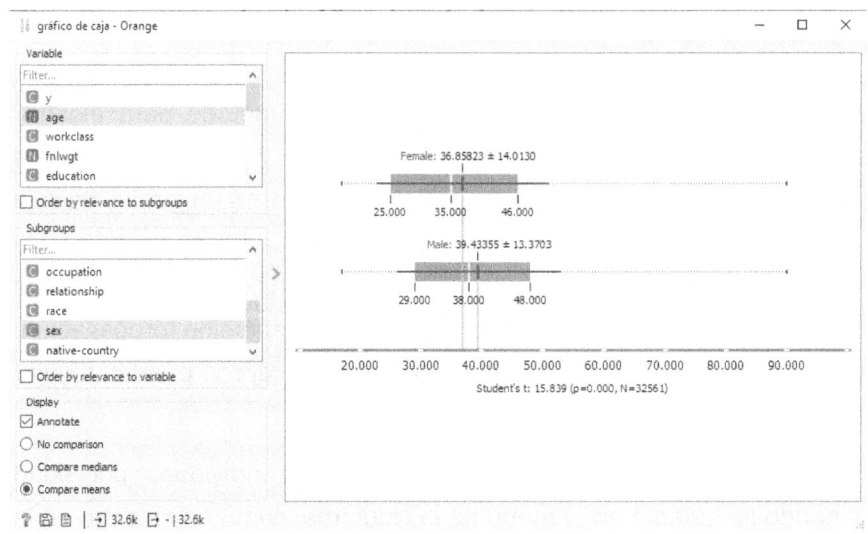

Figura 4.10 Ejemplo de *boxplot* para subgrupos.

Se pueden seleccionar dos variables categóricas en un gráfico de *boxplot* y, por ejemplo, en la Figura 4.11, se puede ver el nivel educativo en función del sexo:

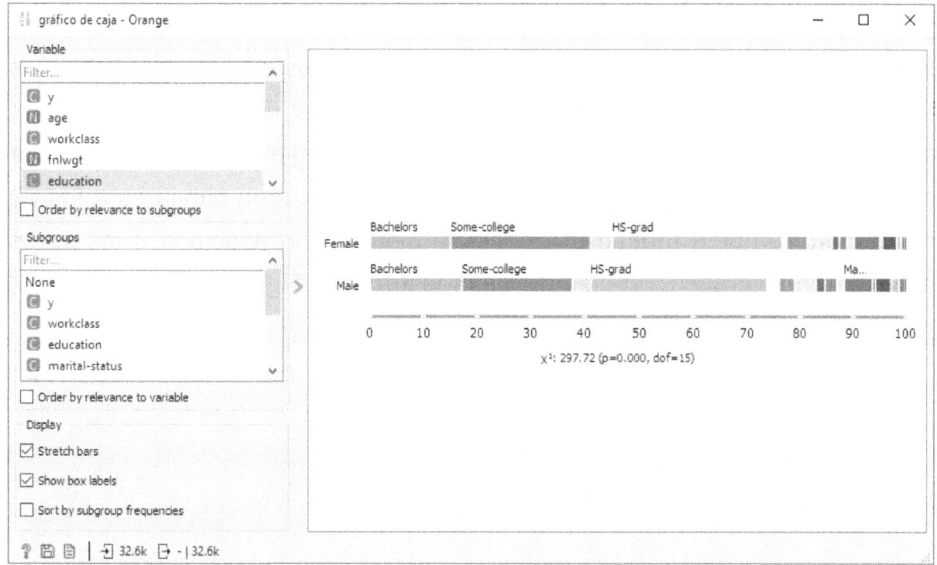

Figura 4.11 Ejemplo de *boxplot* con dos variables categóricas: nivel educativo en función del sexo.

En este caso el test estadístico utilizado es el de chi-cuadrado (χ^2). Un test de chi-cuadrado es una prueba estadística que se utiliza para evaluar la relación entre dos variables categóricas. En este tipo de pruebas, se comparan las frecuencias observadas en una muestra con las frecuencias que se esperarían si no hubiera ninguna relación entre las dos variables.

La prueba de chi-cuadrado determina si existe una diferencia significativa entre las frecuencias observadas y las frecuencias esperadas mediante el cálculo de un estadístico de chi-cuadrado. Una vez que se ha calculado dicho estadístico, se puede comparar con un valor crítico de chi-cuadrado para determinar si hay una diferencia significativa entre las variables. Si la estadística de chi-cuadrado es mayor que el valor crítico, se rechaza la hipótesis nula de que no hay relación entre las variables y se concluye que existe una relación estadísticamente significativa entre las variables.

4.4. Gráficos de violín

Los gráficos de violín son similares a los gráficos de caja, excepto que también muestran la densidad de probabilidad de los datos en diferentes valores, generalmente suavizados por un kernel estimador de densidad. Por lo general, un grafico de violín incluirá los mismos datos que se encuentran en un *boxplot*, en particular la mediana de los datos, el rango intercuartílico y, cuando sea posible, todos los puntos de la muestra (si el número de muestras no es demasiado alto). Así que los gráficos de violín son similares a los de cajas, pero también muestran la posible distribución asociada a los datos sobre el propio gráfico. Un ejemplo se muestra en la Figura 4.12:

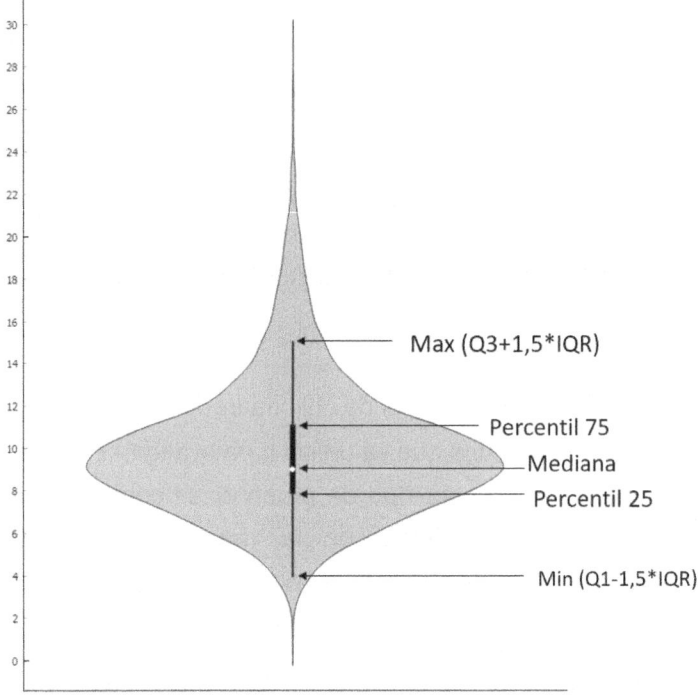

Figura 4.12 Ejemplo de gráfico de violín.

En Orange un gráfico de violín se puede añadir con el widget correspondiente. En la Figura 4.13 se muestran los widgets de los tres tipos de gráficos: de dispersión, de caja y de violín.

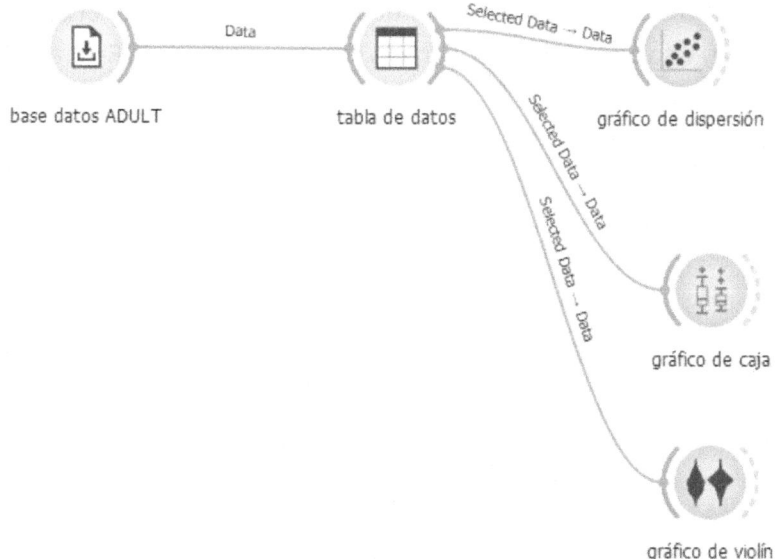

Figura 4.13 Widget del grafico de violín.

Se muestra a continuación (Figura 4.14) el gráfico de violín de la distribución de la edad en función de la raza de los individuos:

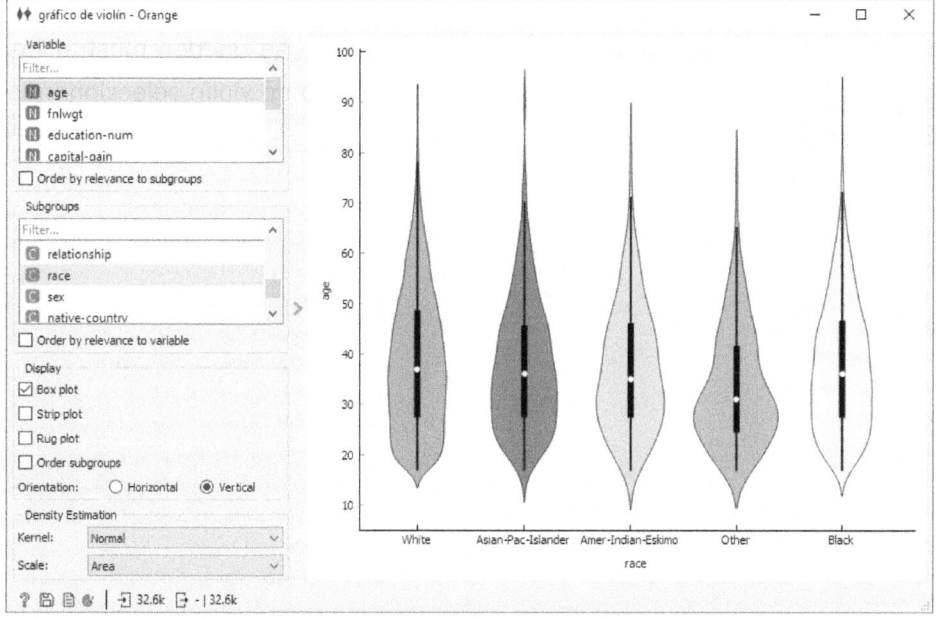

Figura 4.14 Gráfico de violín para la edad en función de la raza.

Lo mismo se puede representar sin tener que incluir en su interior el *boxplot*; simplemente hay que quitar el tic en el menú **Display**, como en la Figura 4.15:

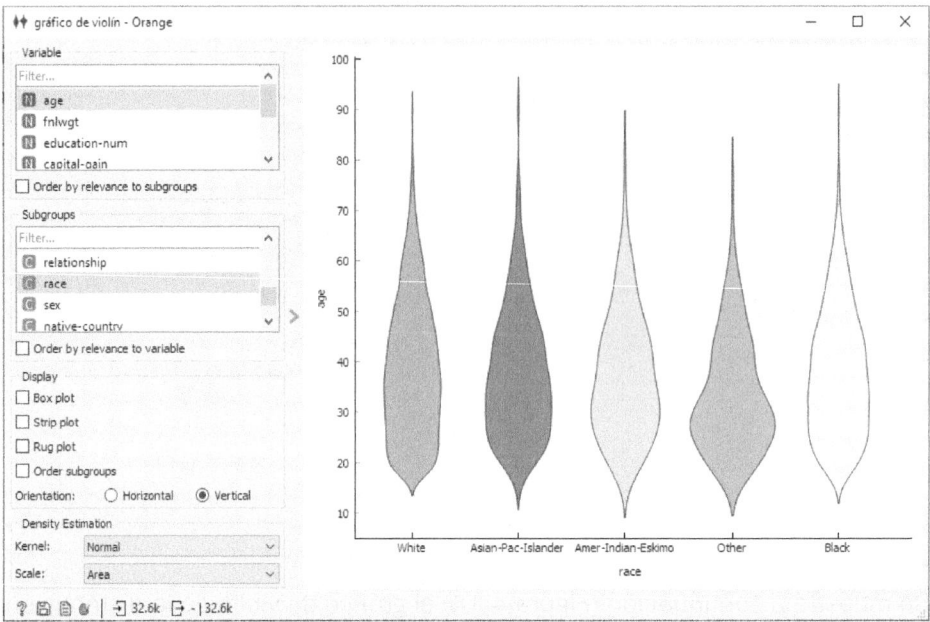

Figura 4.15 Gráfico de violín sin *boxplot* en el interior.

Como ya se ha comentado anteriormente, también se pueden mostrar los datos que generan la distribución propia del gráfico de violín seleccionando **Strip Plot** (Figura 4.16):

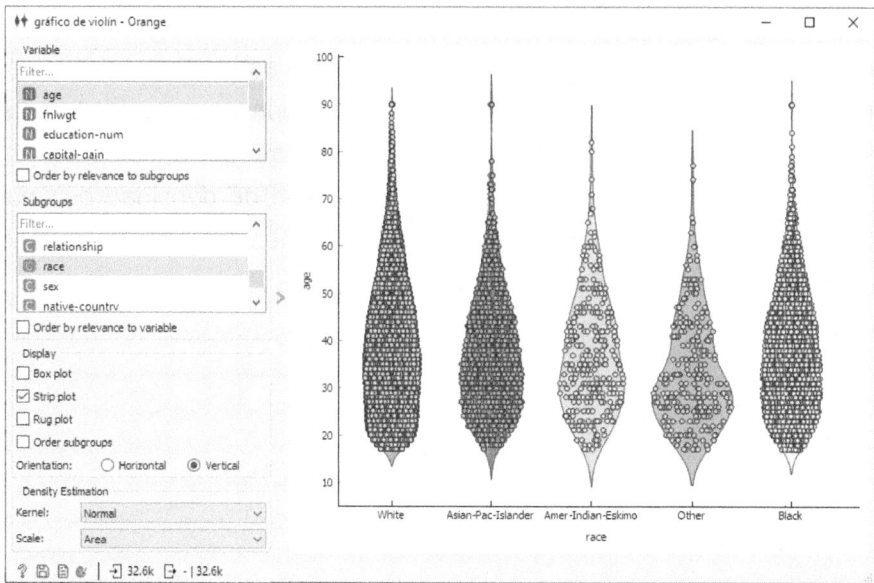

Figura 4.16 Gráfico de violín que muestra los datos que generan la distribución.

En el mismo menú se puede también seleccionar la opción de representar los gráficos en sentido horizontal (véase la Figura 4.17). Además, los subgrupos se pueden ordenar por mediana.

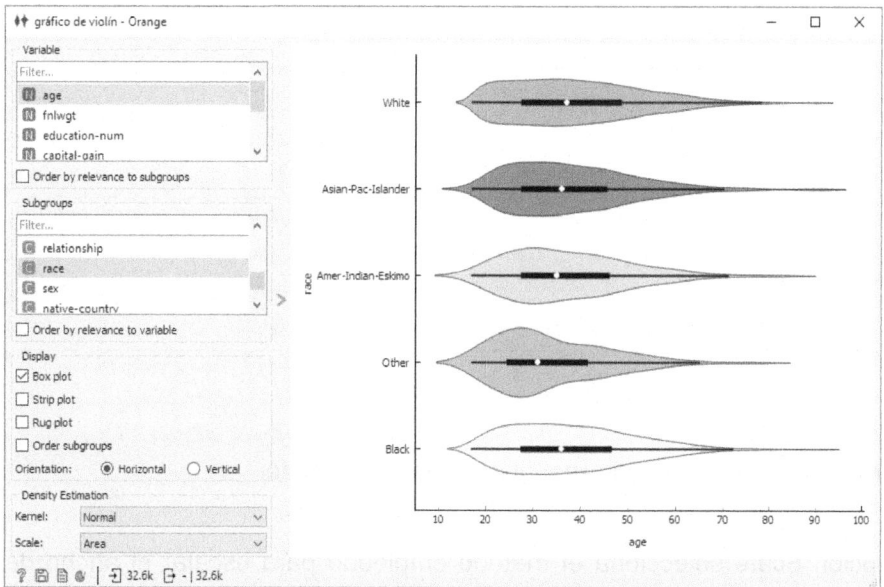

Figura 4.17 Gráfico de violín en sentido horizontal.

El kernel estimador de densidad que se empleará para el cálculo de la función de densidad se puede seleccionar en el menú **Density estimation**. La función de densidad de una variable aleatoria es la función que nos indica la probabilidad de que una variable tome cierto valor. Las funciones de kernel son una forma no paramétrica de estimar la función de densidad de una variable aleatoria. Orange dispone de las funciones de kernel normal (Gaussian), lineal (Linear) y Epanechnikov (Figura 4.18).

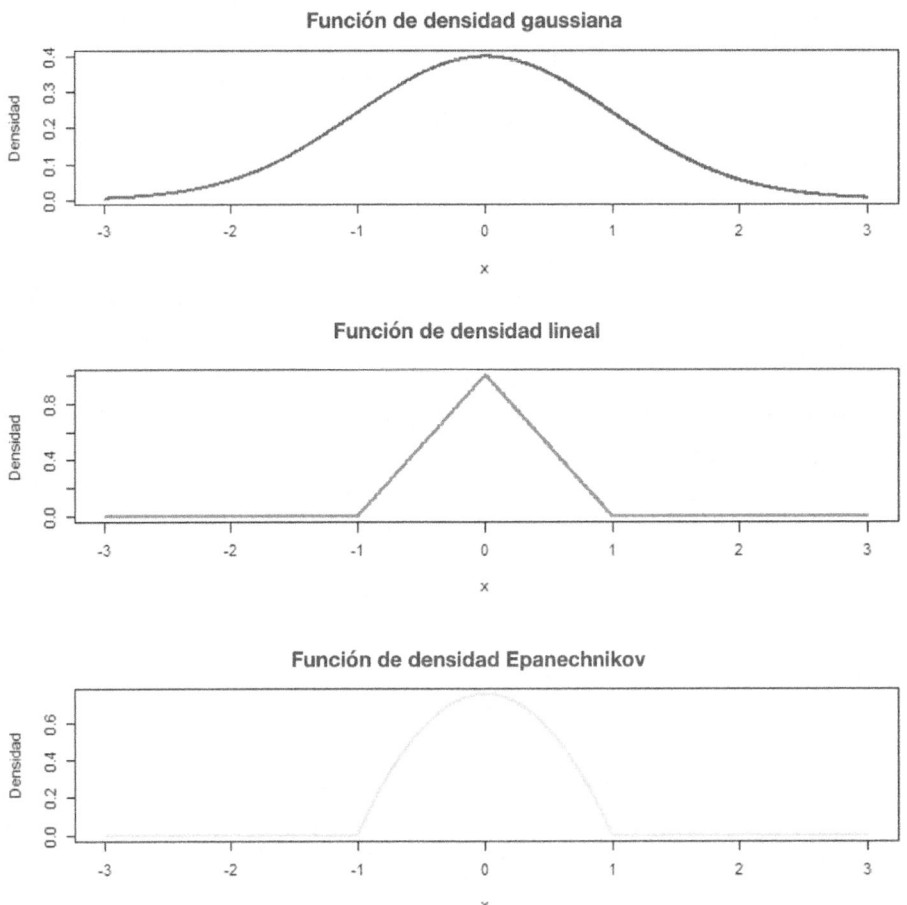

Figura 4.18 Funciones de kernel disponibles en Orange.

La opción **Scale** selecciona el método empleado para escalar el ancho de cada violín. Si se elige **Area**, todos los violines tendrán la misma área. Si se selecciona **Count**, el ancho de los violines se escalará en función del número de puntos. Si se selecciona **Width**, todos los violines tendrán el mismo ancho.

4.5. Gráficos de barras

El widget **Gráfico de barras** visualiza variables numéricas y las compara con una variable categórica. Este widget es útil para observar valores atípicos, distribuciones dentro de grupos y comparar categorías. El widget correspondiente es el que se muestra en la Figura 4.19.

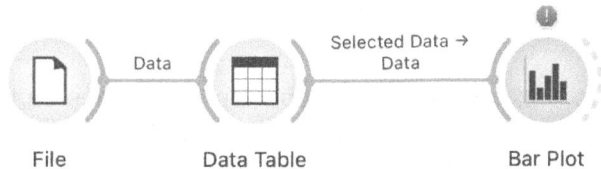

Figura 4.19 Widget para el gráfico de barras.

Como ejemplo, en la Figura 4.20 representamos por medio de un gráfico de barras las edades de los individuos en función de su sexo, mujeres en azul y hombres en rojo, seleccionando en el menú **Values** la opción **age** y en **Group by** la opción **sex**.

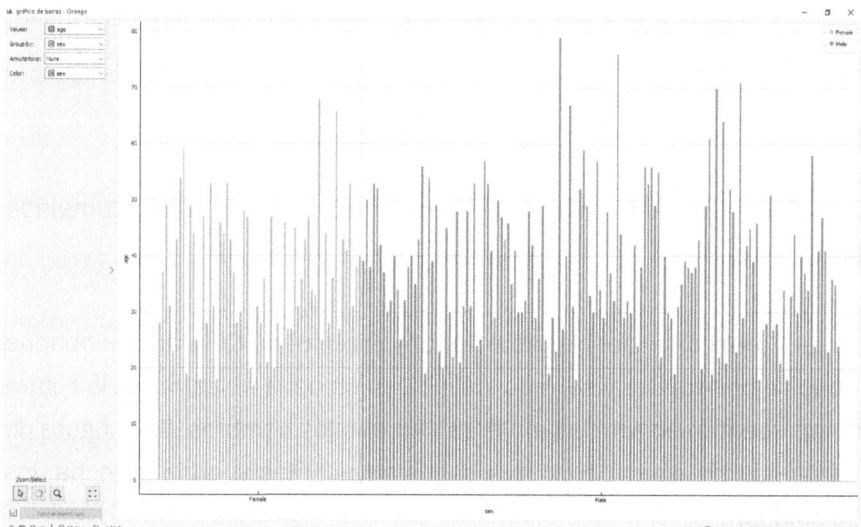

Figura 4.20 Gráfico de barras para las edades de los individuos en función de su sexo.

4.6. Gráficos de distribución

El widget **Distribuciones** muestra la distribución estadística de una variable. El widget es el que se muestra en la Figura 4.21 siguiente.

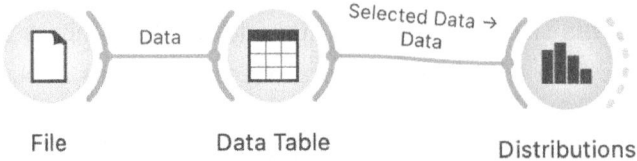

Figura 4.21 Widget para el grafico de Distribuciones.

Como ejemplo, en la Figura 4.22 aparece la distribución por edades de los individuos de la muestra a la izquierda y la distribución por edades acumulada de los individuos de la muestra a la derecha. Para obtener la distribución acumulada hay que poner el tic a **Show cumulative distribution** en el menú de **Columns**.

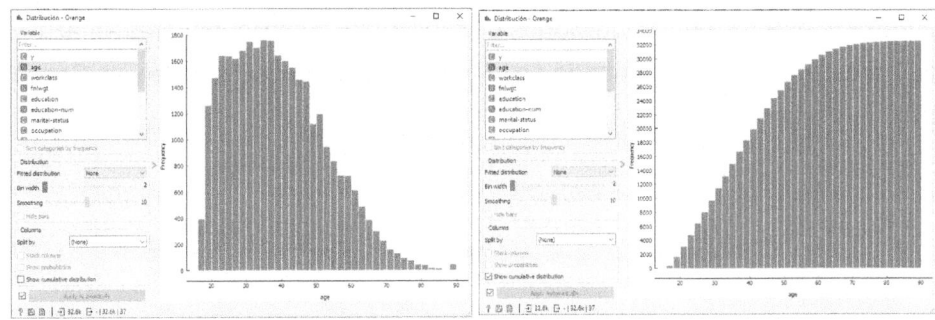

Figura 4.22 Distribución por edades (izquierda) y distribución acumulada (derecha).

Seleccionando **sex** en el desplegable **Split by** en el menú **Columns** se obtiene la distribución por edades y sexo de los individuos de la muestra. En la Figura 4.23 se representan en azul las mujeres y en rojo los hombres. En la figura de la izquierda hay los bines de los dos casos adyacentes y, en la derecha, los bines se solapan.

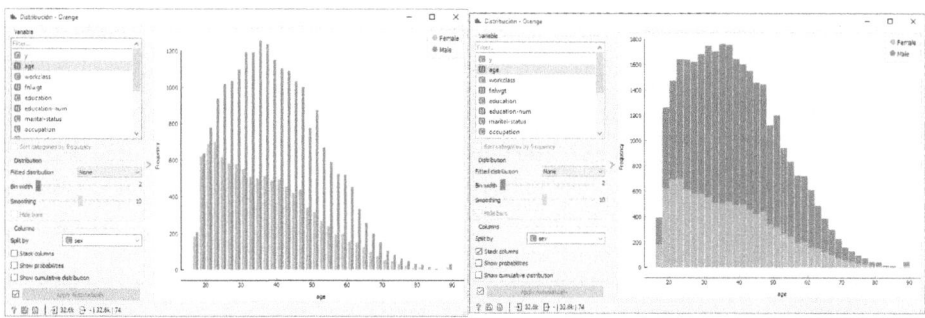

Figura 4.23 Distribución por edades y sexo con bines adyacentes (izquierda) y bines solapados (derecha).

4.7. Diagramas de tamiz

Es un diagrama que sirve para la visualización de frecuencias en una tabla de contingencia de dos variables. Este diagrama permite comparar las frecuencias observadas con las frecuencias esperadas bajo la hipótesis de independencia de las variables.

Se puede comparar la tabla con frecuencias esperadas frente a frecuencias observadas realizando un test de chi-cuadrado o un test exacto de Fisher. El widget correspondiente es **Sieve Diagram**.

Como ejemplo, en este caso vamos a hacer uso de una nueva base de datos, concretamente, el listado de pasajeros del Titanic. Seleccionaremos la opción correspondiente como en la Figura 4.24.

El área de cada rectángulo es proporcional a la frecuencia esperada, mientras que la frecuencia observada se representa por la rejilla que hay dentro de cada uno de ellos. En la Figura 4.25 de la izquierda se representa la información relativa a los supervivientes frente a la clase social de los mismos y, en la de la derecha, la información relativa a los supervivientes según su sexo.

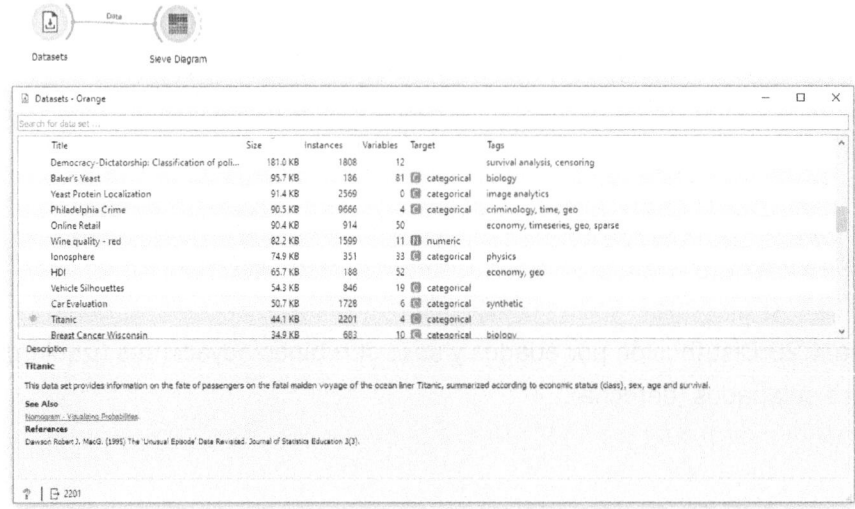

Figura 4.24 Selección del listado de pasajeros del Titanic.

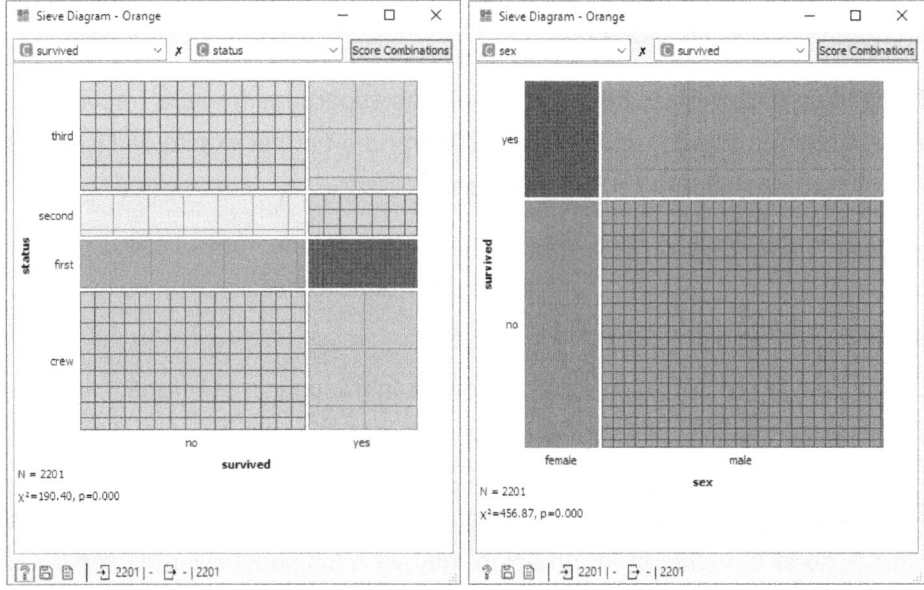

Figura 4.25 Información sobre los supervivientes del Titanic frente a la clase social (izquierda) y al sexo (derecha).

En particular, se puede observar (Figura 4.26) que el porcentaje de supervivencia en mujeres fue mayor del esperado: moviendo el ratón sobre el rectángulo de interés, se nos proporciona la información (7% esperado frente al 16% observado). Además, resulta posible clasificar los pares de variables en función de lo bien que definan la separación entre grupos; para ello se debe clicar en **Score Combinations**.

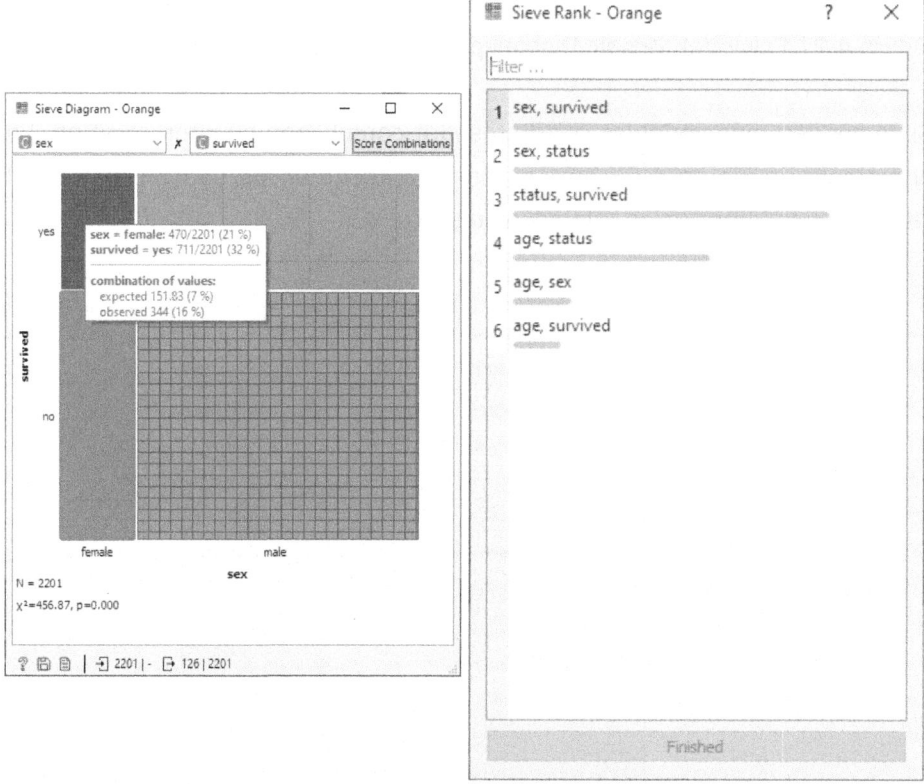

Figura 4.26 Información de los rectángulos de interés.

4.8. Gráficos de mosaico

El diagrama de mosaico es un gráfico similar al anterior. Es una representación gráfica de una tabla de frecuencias de doble entrada o una tabla de contingencia. Se utiliza para visualizar datos de dos o más variables cualitativas. Proporciona al usuario los medios para reconocer de manera más eficiente las relaciones entre diferentes variables. El widget correspondiente es el **Mosaic Display** (Figura 4.27).

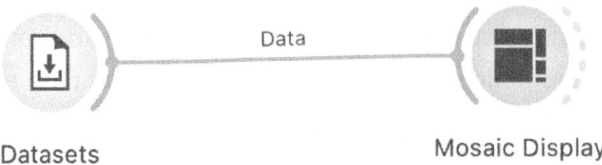

Datasets   Mosaic Display

Figura 4.27 El widget Mosaic Display para los gráficos de mosaico.

Si se añaden más variables puede resultar complicada su interpretación. En el ejemplo en Figura 4.28 se vuelven a representar los supervivientes del Titanic con la información relativa a su sexo.

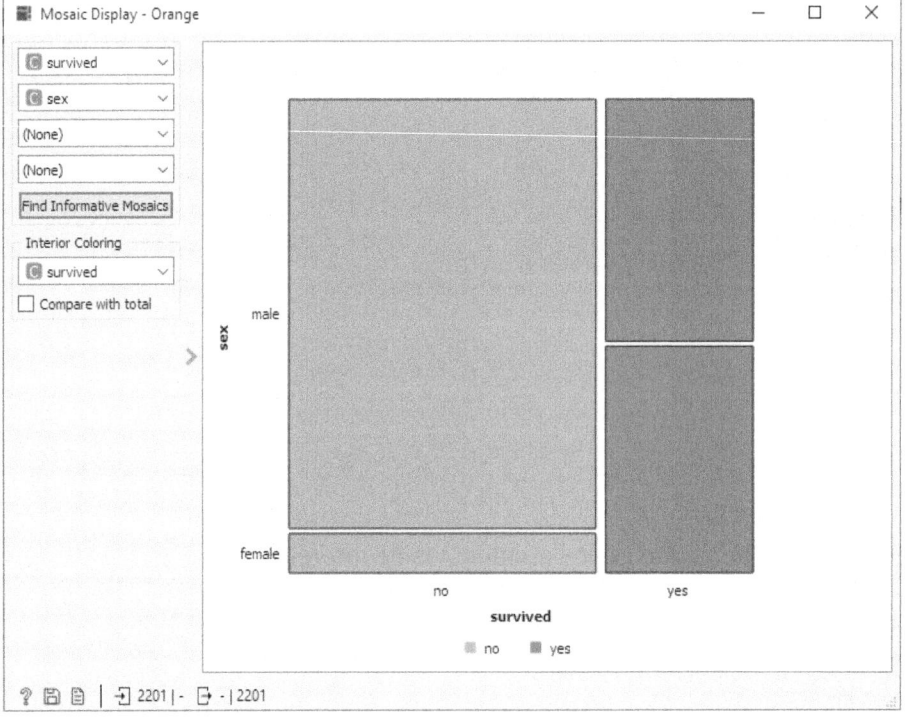

Figura 4.28 Ejemplo de los supervivientes del Titanic con la información relativa a su sexo.

4.9. Mapas de calor

El mapa de calor, widget **Heat Map** (Figura 4.29), es un método gráfico de representación para la visualización de atributos en forma de una tabla de doble entrada. Solo funciona en conjuntos de datos en los que se disponga de variables numéricas. Veamos un ejemplo haciendo uso de la base de datos **Iris**.

datos IRIS   mapa de calor

Figura 4.29 El widget para los mapas de calor.

Los mapas de calor (Figura 4.30) permiten también hacer uso de opciones de clustering y de su representación en el propio gráfico.

Las clusterizaciones por filas y por columnas se realizan de manera independiente. El clustering por filas se calcula por medio de la distancia euclídea, mientras que el clustering por columnas emplea los coeficientes de correlación de Pearson. Todo ello se representa con la ayuda de dendrogramas, como se muestra en la Figura 4.31.

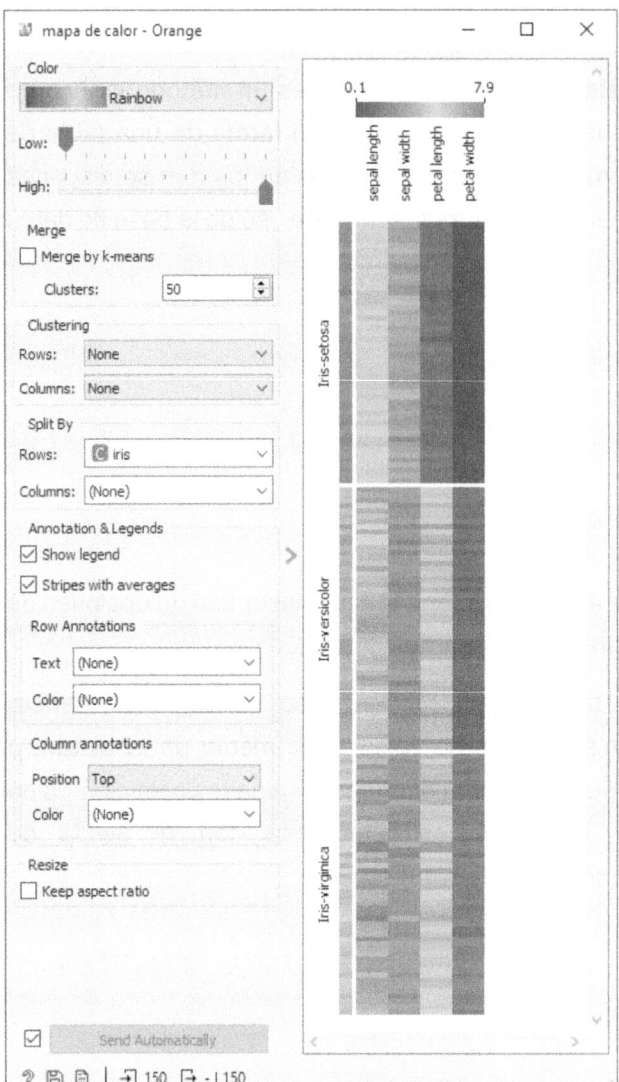

Figura 4.30 Ejemplo de mapa de calor.

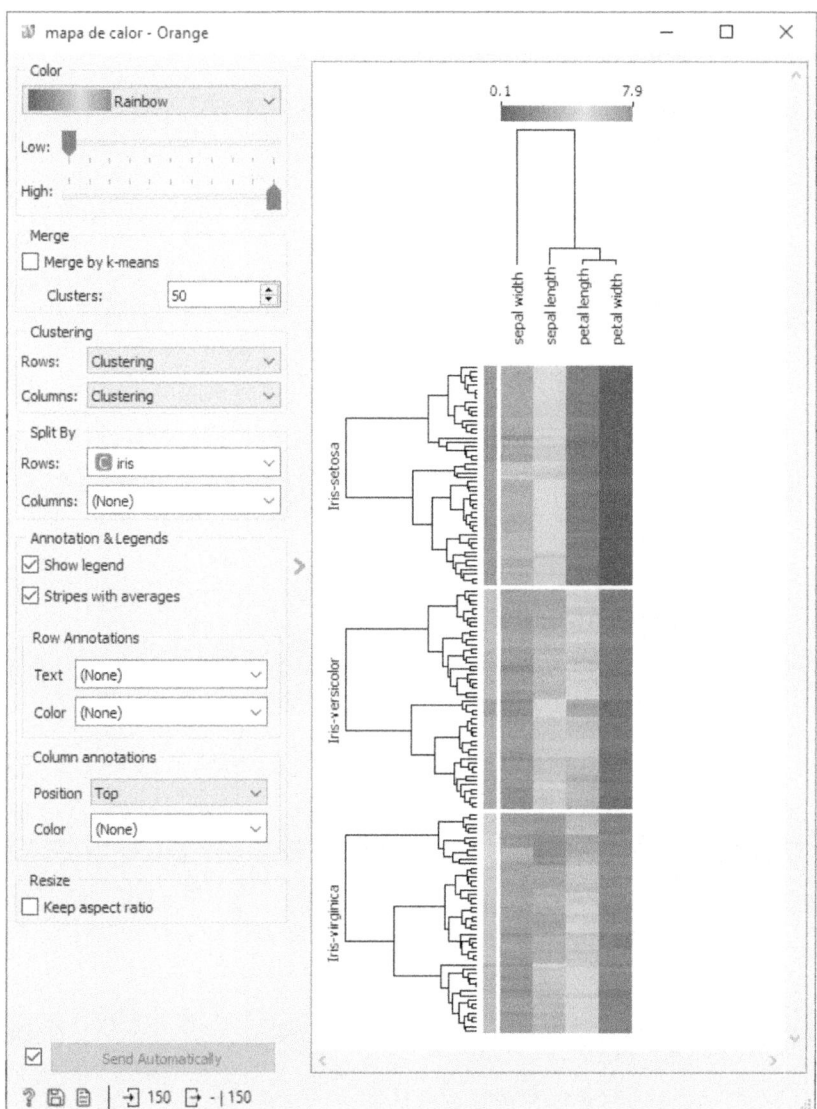

Figura 4.31 Ejemplo de mapa de calor con dendrogramas.

CAPÍTULO 5
REDES NEURONALES ARTIFICIALES

5.1. Introducción a las redes neuronales artificiales

Las redes neuronales son modelos matemáticos que surgen con la finalidad de emular de forma simplificada el comportamiento del cerebro humano y su patrón de procesamiento. En la actualidad estos modelos han evolucionado de manera que se ha abandonado, en cierta medida, dicha aproximación.

El modelo de una red neuronal se basa, fundamentalmente, en un problema de optimización multivariante de alta dimensión, donde la respuesta que da la red neuronal es comparada con la respuesta esperada, en el caso de que se consideren problemas de aprendizaje supervisado, o alternativamente se busca el mínimo de una función de optimización, en el caso de situaciones de aprendizaje no supervisado.

Como primera aproximación a la idea de lo que hace dicho modelo, se puede suponer que la red neuronal es comparable a una caja negra con cierto número de variables de entrada a las cuales les aplicará operaciones, aún por especificar, y de las que la red proporcionará una salida.

Los casos que se presentan aquí son los de aprendizaje supervisado, es decir, aquellos para los que existen datos de muestra que permiten comparar lo acertado o errado que es el resultado obtenido. Es precisamente esta particularidad la que permite, por medio de lo que se denomina una función de coste, estimar cuánto de errada ha sido la respuesta del modelo para, posteriormente, realizar el ajuste de los parámetros de la red de forma que se adapte mejor al problema que se pretende modelar.

Las redes neuronales, como otros modelos de inteligencia artificial, han tenido, en los últimos años, un súbito crecimiento tanto en su desarrollo como en aplicaciones, sobre todo debido al correspondiente incremento de desarrollo tecnológico en capacidad de computación. Actualmente es común encontrarse sistemas de inteligencia artificial, en su mayoría redes neuronales, en procesadores de voz, texto, clasificadores de imágenes, problemas de segmentación y reconocimiento en general, así como en modelado de sistemas físicos complejos, pasando por asistentes virtuales, etc. Esto motiva la presencia de este capítulo, de corte introductorio a la correspondiente teoría, así como a la implementación en la práctica para el entorno Orange.

Dentro de este capítulo se detallarán los siguientes conceptos, necesarios para la posterior implementación de un modelo de red neuronal: conjuntos de datos, arquitectura de una red, funciones de activación, funciones de coste, algoritmo de retropropagación y proceso de entrenamiento, así como modelos más complejos de arquitecturas de redes.

5.2. Conjuntos de datos

Para poder obtener un modelo de red neuronal que modele una situación física, un problema de clasificación o cualquier otro de los problemas para los que puede ser aplicada es necesario cierto conocimiento *a priori* del problema, del cual se requieren datos que sean representativos del mismo.

Asumiendo que una red tendrá unas variables de entrada para las cuales emitirá una respuesta, se requieren datos representativos de qué salidas le corresponden a cada muestra de entrada. Esos datos se utilizarán para el entrenamiento, es decir, para la corrección y el ajuste de los parámetros del modelo de forma que vaya adecuándose progresivamente al problema. Este conjunto de datos es el set o **conjunto de datos de entrenamiento**.

Uno de los problemas que pueden surgir al ajustar los parámetros del modelo a ciertos datos es que "aprendan de memoria" los casos concretos que se les presentan, de manera que, en el resto de los casos, aunque sean similares, no se garantiza una respuesta adecuada. Este fenómeno se denomina sobreentrenamiento u *overfitting*.

Para garantizar que esto no ocurra, es habitual utilizar un **conjunto de datos de validación**, los cuales no se emplean para el ajuste de los parámetros del modelo. En particular, al mostrar información nueva para su procesamiento, este conjunto permite comprobar que los resultados proporcionados por el modelo sean acordes al rendimiento que se obtiene del set de entrenamiento. Por último, un **conjunto de datos de test** suele corresponder a datos nuevos provenientes de la aplicación real, con la posibilidad de que se conozcan las etiquetas, aunque esto no es necesario, pues lo que se busca es aplicar el modelo entrenado, sin la necesidad de evaluar el error cometido.

5.3. Arquitectura de una red

La unidad fundamental de procesamiento de una red neuronal es la neurona. Diversas configuraciones de redes pueden requerir modificaciones en la estructura de las neuronas, pero todas ellas se basan en el concepto de perceptrón simple:

$$y = f\left(\sum x_i w_i\right)$$

donde x_i son los datos de entrada a la neurona, cuya importancia se ve ponderada por los pesos w_i. La respuesta y que proporciona una neurona se obtiene al calcular la combinación lineal de los datos de entrada multiplicada por sus respectivos pesos, tras lo cual se transforma con una función de activación f.

Como se puede observar, mientras que las entradas son determinadas por las muestras de los datos de entrenamiento, y la función de activación, aunque a priori puede ser escogida, se mantendrá fija, los parámetros que permitirán una variación serán los pesos. Por tanto, la búsqueda de unos valores adecuados para los pesos será el problema matemático de optimización que se resolverá para entrenar un modelo de inteligencia artificial.

Además, es habitual la inclusión de un umbral de activación o *bias* cuando se realiza el cómputo de una respuesta. El *bias* b_i será otro de los parámetros variables y, por tanto, se ajustará iterativamente de forma similar a como se hará con los pesos. Este parámetro busca modelar cuándo será necesario el uso o activación de una neurona i.

$$y_i = f\left(\sum_j w_{ij}x_j(t) - b_i(t)\right)$$

La primera y una de las estructuras más extendidas de redes neuronales se denomina perceptrón multicapa (MLP, de las siglas Multi-Layer Perceptron). La topología o estructura del mismo consiste en la colocación de diversas neuronas en capas: las neuronas de la misma capa son receptoras de los mismos datos de entrenamiento, pero están incomunicadas entre sí. De esta forma las neuronas comparten información de entrada, así como una misma función de activación para todas ellas, pues la selección de una función de activación se realiza para todas las neuronas integrantes de cada capa, diferenciándose en los pesos, de forma que cada neurona se relacione individualmente con los datos.

Se puede considerar el uso de varias capas de neuronas, interconectadas con las neuronas de las capas adyacentes, como se ve en la Figura 5.1. Una red debe estar formada por, al menos, una capa de entrada (para la cual se considera el vector de datos de cada muestra), una capa oculta que realiza el procesamiento y ajuste) y una capa de salida que proporciona la respuesta final de la red.

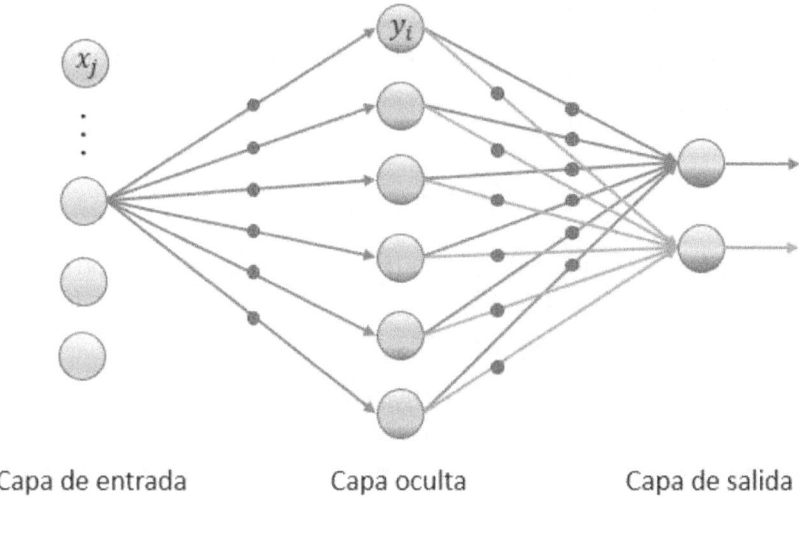

Capa de entrada   Capa oculta   Capa de salida

• Pesos

Figura 5.1 Topología de una red neuronal MLP. Los valores x_j son los datos de las muestras de la capa de entrada, las interconexiones con las neuronas de las capas adyacentes caracterizadas por pesos, siendo los y_i la salida de la neurona i y una capa de salida.

Una vez se proporcionan unos datos de muestra al modelo, se conoce como procesamiento hacia adelante, al obtener un resultado dado para esa muestra en concreto; sin embargo, los resultados obtenidos no se corresponderán con una salida coherente al problema, por lo que, una vez escogida una topología, es necesario el proceso del entrenamiento.

5.4. Funciones de activación

El uso de las funciones de activación cumple un papel fundamental en el correcto funcionamiento de una red neuronal. Teniendo en cuenta que el procesamiento de una neurona se compone de sumas y productos, introducen comportamiento no lineal en la capacidad de respuesta de la red, necesaria para modelar problemas complejos de alta dimensionalidad. Además, la imagen de dichas funciones suaviza las distribuciones de los datos de salida, normalizando así los mismos o limitando las posibilidades de respuesta. Entre las funciones de activación más habituales se encuentran:

Función sigmoide

$$f(x) = \frac{1}{1 + e^{-x}}$$

Como se puede observar en su gráfica (Figura 5.2) su distribución permite la normalización de las salidas a valores entre 0 y 1. Cumple otra función bastante relevante al permitir las salidas de forma gradual y suavizada entre medias de ambos valores, cosa que no ocurre en funciones de tipo de una función escalón, que solo permite una salida de "sí" o "no" en forma de 0 y 1.

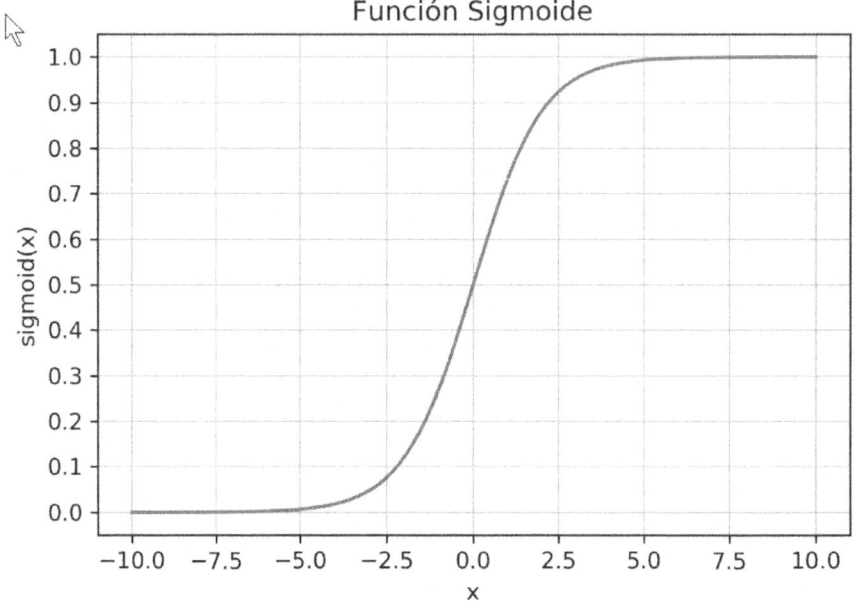

Figura 5.2 Gráfica de la función sigmoide, con salidas acotadas entre 0 y 1.

Función tangente hiperbólica

$$f(x) = \tanh(x) = \frac{\sinh(x)}{\cosh(x)} = \frac{e^x - e^{-x}}{e^x + e^{-x}}$$

Esta función (Figura 5.3) tiene una finalidad similar a la sigmoide, pues a su vez suaviza las salidas, siendo su imagen el intervalo $[-1,1]$.

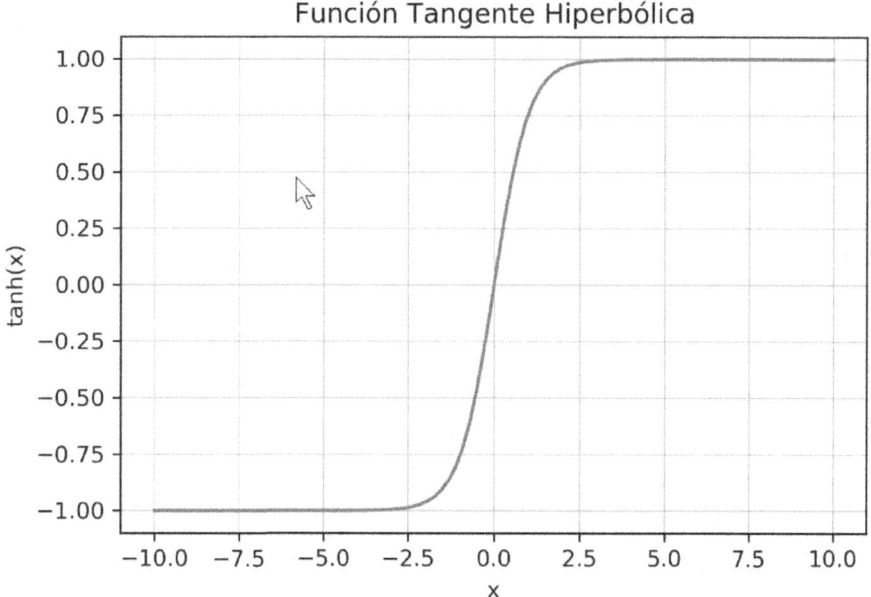

Figura 5.3 Gráfica de la función tangente hiperbólica, con salidas acotadas entre -1 y 1.

Función ReLU y sus variantes

$$f(x) = \max(0, x)$$

La función ReLU, de sus siglas en inglés (Rectified Lineal Unit), mantiene todos los valores positivos e iguala a cero todos los negativos (Figura 5.4). En concepto, dista de las funciones mencionadas anteriormente, pues no hace una normalización; sin embargo, en la práctica se ha comprobado su utilidad sobre todo en problemas en los que características negativas no tienen sentido, como pueden ser valores de píxeles de una imagen correspondientes a colores, sonidos, etc.

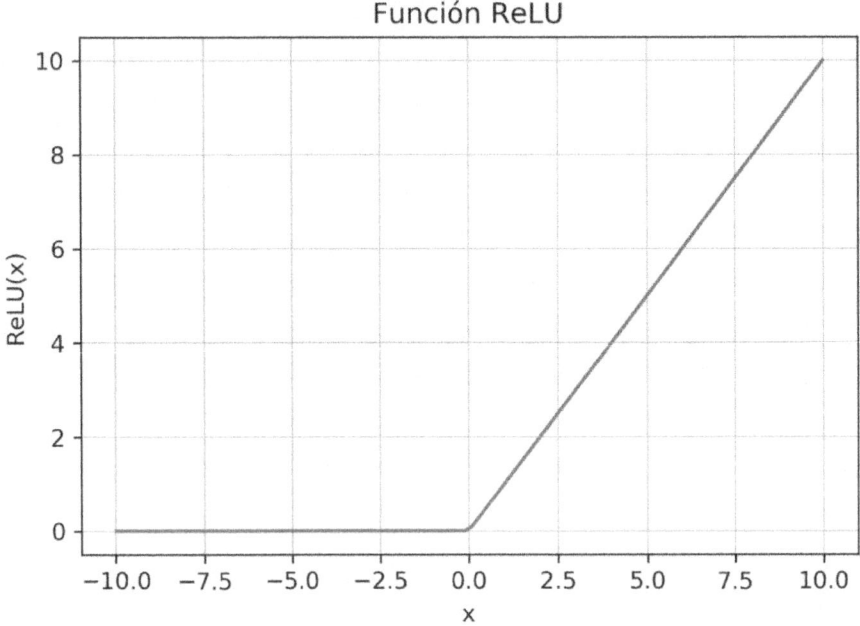

Figura 5.4 Gráfica de la función ReLU, con salidas estrictamente positivas solo para entradas positivas, y anulándose en los valores negativos.

Algunas derivaciones de esta función permiten introducir cierta suavización en su imagen, con la finalidad de evitar ciertos problemas que se pueden dar en el proceso de entrenamiento por la falta de diferenciabilidad en el cero. Es el caso de la función **Softplus** (Figura 5.5):

$$f(x) = \log(1 + e^x)$$

Nótese que también existen otras funciones que buscan esa mejora de la diferenciabilidad en el origen, como **PReLU** o **Leaky-ReLU**.

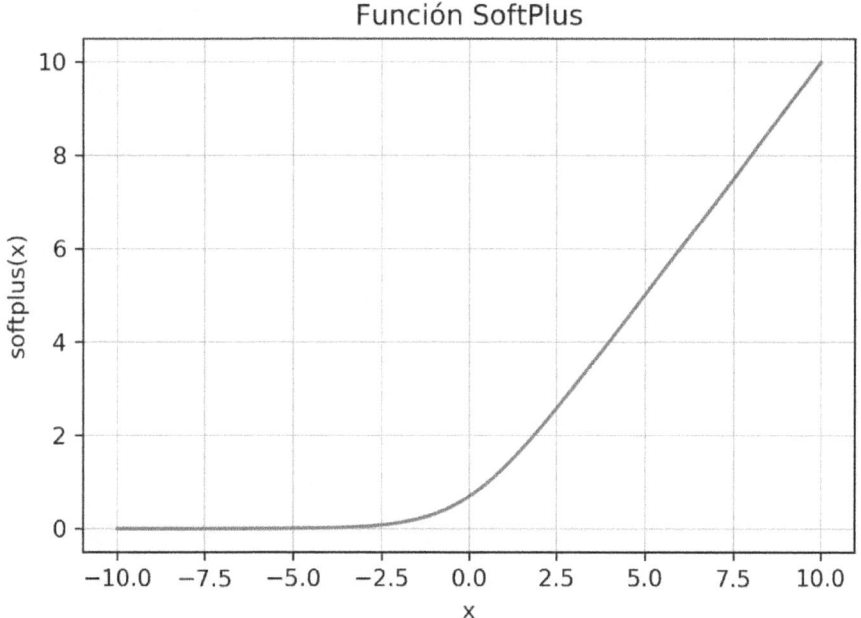

Figura 5.5 Gráfica de la función SoftPlus, con suavización en torno al cero.

Funciones SoftMax

Su uso está prácticamente restringido a los problemas de clasificación, pues su finalidad es transformar su entrada en probabilidades, de manera que las salidas cumplan con las características de una cierta distribución de probabilidad.

$$softmax(x_i) = \frac{e^{x_i}}{\sum e^{x_j}}$$

Se aplica la exponencial de cada elemento x_i, la cual se normaliza al dividir cada exponencial por la suma de las exponenciales de cada elemento del vector. Esto garantiza que el resultado se encuentre acotado entre 0 y 1, de forma que entre todos sumen 1, lo que los convierte en una distribución de probabilidad, como se puede observar en la Figura 5.6. Consecuentemente, su interpretación es que cada salida representa la probabilidad de pertenencia a una clase específica.

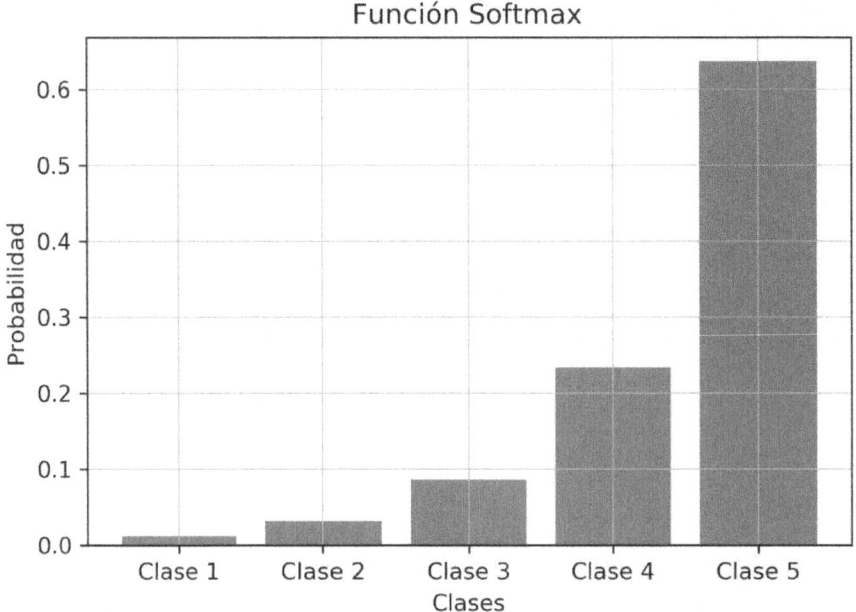

Figura 5.6 Ejemplo de la representación de las probabilidades de salidas de la función Softmax para un caso con cinco clases posibles.

5.5. Funciones de coste

Las funciones de coste o pérdida se utilizan, una vez la red genera una salida asociada a una muestra del set de entrenamiento, para comparar dicha salida con las etiquetas reales correspondientes. Todo ello permite tener una medida de cuánto de errónea es la respuesta de la red, en otras palabras, cuánto dista la salida de la etiqueta esperada.

Dichas funciones son clave para el proceso de entrenamiento, pues son las que marcarán cuánto deben corregirse los parámetros de la red (tanto pesos como *bias*) para, progresivamente, acercarse a dar las salidas esperadas para las muestras de entrenamiento.

Como no hay regla específica para la elección de la función de coste que determinará las diferencias entre las salidas y los datos esperados, ya que dicha selección variará según el contexto del problema, será más coherente usar una función u otra dependiendo del caso. En particular, para problemas de regresión, es habitual encontrarse con las siguientes:

Error cuadrático medio, MSE de sus siglas en inglés (Mean Squared Error), cuya expresión es la siguiente:

$$MSE = \frac{\sum_{i=1}^{n}(\hat{y}_i - y_i)^2}{n}$$

donde n es el número de muestras del set de entrenamiento, $\hat{y}_i$ son las predicciones del modelo correspondiente a la muestra i del set de entrenamiento e y_i son las etiquetas, es decir, las respuestas esperadas, correspondientes a dicha muestra.

De esta forma el MSE pondera el error cometido usando el cuadrado de esas diferencias, que representa el concepto matemático de distancia. En términos estadísticos, el MSE se relaciona con la varianza, ya que ambos conceptos miden la dispersión de los datos.

Una de las mayores dificultades que presenta esta función de coste es su interpretabilidad, dado que el MSE se mide en unidades al cuadrado, lo que a su vez lo hace sensible a los valores atípicos o extremos.

La **raíz del error cuadrático medio**, RMSE por sus siglas en inglés (Root Mean Squared Error), resulta más intuitiva como medida de distancia o diferencia entre valores, al corresponderse con la raíz cuadrada del MSE, siendo un valor en la misma escala que los valores iniciales. Su expresión es, por tanto:

$$RMSE = \sqrt{\frac{\sum_{i=1}^{n}(\hat{y}_i - y_i)^2}{n}}$$

El **error medio absoluto**, MAE de sus siglas en inglés (Mean Absolute Error), consiste en la ponderación del error absoluto. Aunque más sencillo que el MSE, compara directamente la diferencia entre los valores obtenidos y los esperados, lo que facilita su interpretación, al estar en la misma escala. Su expresión es la siguiente:

$$MAE = \frac{\sum_{i=1}^{n}|\hat{y}_i - y_i|}{n}$$

En problemas de clasificación, es habitual contrastar, más que los errores puramente numéricos, la distribución de probabilidades predicha por el modelo con la distribución real, para lo cual se utilizan funciones estadísticas como función de coste, por ejemplo, la entropía cruzada. Esta se combina con funciones de activación de corte estadístico, como el SoftMax, que garantiza que las salidas predichas cumplan las propiedades de una distribución de probabilidad.

La **entropía cruzada** es una medida que compara distribuciones de probabilidad. Considerando las salidas de un modelo como probabilidades de pertenencia a una u otra clase, se compara esa distribución con la distribución real, donde se sabe cuál es la categoría a la que pertenece la etiqueta. La expresión de la función de coste será la entropía cruzada para distribuciones discretas, que en general sigue la siguiente expresión:

$$CE = \sum(y_i \log(\hat{y}_i) + (1 - y_i) \log(1 - \hat{y}_i))$$

El concepto anterior se puede generalizar para considerar múltiples categorías.

5.6. Algoritmo de retropropagación

Para ajustar los pesos de una red neuronal, se utiliza el **algoritmo de retropropagación del error** (*backpropagation*). En este algoritmo, se estima el error en la salida de la red en relación con la salida objetivo, y esta información se utiliza para ajustar los pesos y *bias* de la red.

Una vez escogida la función de coste y computadas las salidas predichas de una red sobre los datos de un set de entrenamiento, se ajustarán los pesos actualizándolos mediante **algoritmos de descenso del gradiente** (*gradient descent*) para minimizar la función de coste. En este sentido, el problema de ajuste asociado a la *backpropagation* y, en general, al entrenamiento de un modelo de inteligencia artificial se convierte en un problema de optimización matemática multivariante en el que se busca el mínimo de la función de coste.

El problema de optimización suele tener una alta dimensionalidad debido a todas las conexiones entre neuronas, lo que implica la presencia de múltiples mínimos locales y dificulta encontrar el mínimo global.

La aproximación que se hace es, por tanto, la búsqueda de extremos relativos por medio del cálculo de las derivadas parciales de la función de coste con respecto a cada peso. En un caso sencillo de dos variables, si se desplaza el valor del error obtenido en la función de coste una cantidad Δv_1 y Δv_2, la funcion C cambia una cantidad:

$$\Delta C \approx \frac{\partial C}{\partial v_1}\Delta v_1 + \frac{\partial C}{\partial v_2}\Delta v_2$$

donde ΔC es la diferencia entre un instante y el anterior $C(t_2) - C(t_1)$. Se buscan valores de Δv_1 y Δv_2 que conviertan a ΔC negativo, buscando la dirección que reduce la función de coste. El gradiente de la función C viene dado por:

$$\nabla C = \left(\frac{\partial C}{\partial v_1}, \frac{\partial C}{\partial v_2}\right)^T$$

Por medio de las dos ecuaciones anteriores, se puede simplificar la expresión de la variación en C tal y como se muestra a continuación:

$$\Delta C \sim \nabla C \cdot \Delta v$$

De esta forma se relacionan los cambios en C con los cambios en v. Esto permite escoger una variación en v de la siguiente forma:

$$\Delta v = -\eta \nabla C$$

donde el parámetro η representa la tasa de aprendizaje (*learning rate*). Seleccionar una tasa de aprendizaje alta puede alejar del mínimo deseado debido a pasos demasiado grandes en su dirección, o incluso evitar ciertos mínimos locales. Considerando esta notación, se tiene:

$$\Delta C \approx -\eta \, \nabla C \cdot \nabla C = -\eta ||\nabla C||^2$$

donde, al ser el valor de la norma al cuadrado $\left\|\nabla C\right\|^2$ una cantidad positiva, implica que $\Delta C \leq 0$ y, por tanto, C siempre decrecá cuando se actualice de esta forma. El valor de v se puede actualizar de forma que:

$$v' = v - \eta \nabla C$$

Este proceso se repite hasta alcanzar un mínimo local.

Existen algunas variaciones del algoritmo de optimización, como el **descenso de gradiente estocástico** (SGD), en el cual se computa el gradiente para un número de lote o *batch*, que son conjuntos de muestras determinadas del conjunto de entrenamiento. Estos lotes se introducen en la misma iteración del algoritmo de retropropagación del error, lo que permite actualizar los pesos con el error promediado de las muestras del lote, reduciendo el número de actualizaciones por época (*epoch*) o iteración completa sobre todas las muestras disponibles en el conjunto de entrenamiento.

Existen también otras variaciones de optimizadores, como **Nesterov**, **Adagrad**, y **Adadelta**, entre otros, que son alternativas al algoritmo anterior y tienen como objetivo acelerar la convergencia del algoritmo de retropropagación. Es interesante destacar el caso de **Nesterov** y sus derivados, que agregan un parámetro conocido como inercia o *momentum*, que ayuda a evitar posibles estancamientos en mínimos locales.

5.7. Otras arquitecturas de redes

Para el procesamiento o clasificación de imágenes, que es una de las aplicaciones más habituales de las redes neuronales, resulta práctica la utilización de modelos más complejos que los MLP, como pueden ser los modelos **convolucionales**.

Una arquitectura convolucional, aunque las últimas capas se compongan de un MLP, consiste en añadirle previamente al modelo de red unas capas que funcionan a modo de filtro, con matrices de pesos que, al computarse sobre las secciones de la imagen, permiten obtener lo que se conoce como mapas de características, que son los que finalmente se procesarán por el MLP. Estos filtros tienen forma de matrices, que se van aplicando sobre secciones de la imagen por medio de convoluciones discretas.

Otros modelos de redes añaden recurrencia a las neuronas, para poner énfasis en los posibles comportamientos autorregresivos en las muestras de datos, como los Long Term Short Memory (LTSM).

5.8. Ejemplo. MLP para el set de datos MNIST

El set de datos MNIST consiste en un conjunto de muestras de números manuscritos, en forma de imagen, entre el 0 y el 9, y sus correspondientes etiquetas que las clasifican. En este ejemplo se ilustra como realizar un MLP entrenado para procesar esas imágenes de forma que se clasifiquen como el número que les corresponde. Una muestra de cómo son dichos datos se puede ver a continuación en la Figura 5.7:

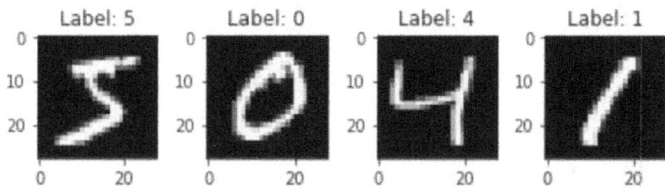

Figura 5.7 Ejemplo de muestras del set MNIST. Cada muestra tiene una etiqueta que se corresponde con el número que se representa de forma manuscrita y los valores de los píxeles que representan la imagen de dicho número manuscrito.

Para ello, habrá que seguir los siguientes pasos:

1) Obtener el conjunto de datos. El dataset en formato .csv puede encontrarse en diferentes fuentes, como por ejemplo: https://git-disl.github.io/GTDLBench/datasets/mnist_datasets/. Este conjunto de datos se encuentra ya separado en dos archivos, uno con muestras para el entrenamiento y otro con muestras para el test. Es habitual que se separen con una proporción mayoritaria de muestras para el entrenamiento. En particular, en estos archivos .csv se encuentran 60 000

y 10 000 datos respectivamente. Además, la primera columna de cada tabla de datos corresponde a la etiqueta, es decir, a la clasificación correcta del número manuscrito, mientras que el resto de las columnas corresponden al valor numérico de cada píxel de la imagen manuscrita.

2) Utilizar el widget de Orange **CSV File Import** para la carga de archivos .csv. Dado que se pretende realizar una tarea de clasificación, será adecuado utilizar la opción del widget **Import Options** para asignar la primera columna como Categorical. Al resto de las columnas, en cambio, se les asignará el tipo Numeric. Se puede ver a continuación en la Figura 5.8:

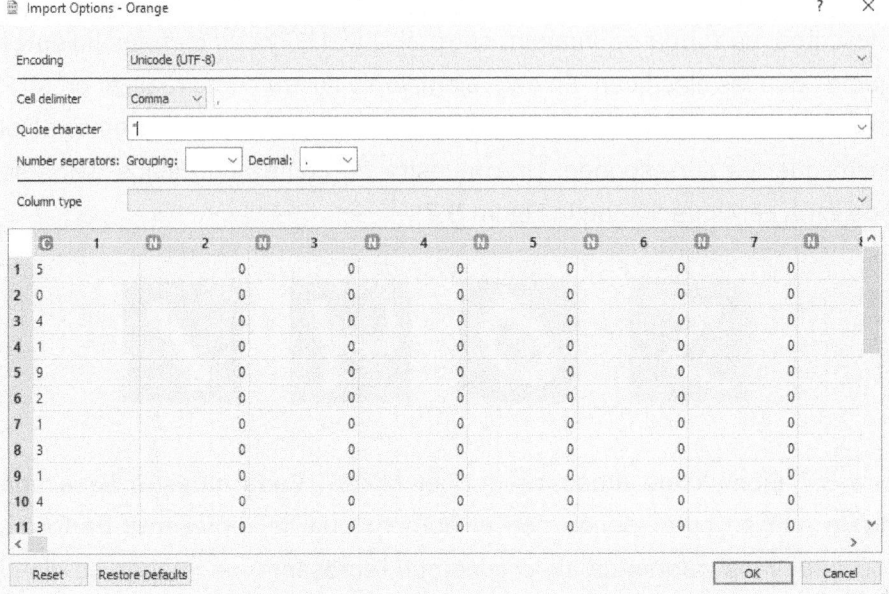

Figura 5.8 Detalle del widget CSV File Import, donde se utiliza el desplegable Column type para especificar la primera columna como categórica, mientras que el resto son numéricas, al corresponderse con los valores de los pixeles de la imagen.

3) Será necesario el widget **Select Columns** (Figura 5.9) para poder especificar que la columna que nos interesa es la variable **target**, como se puede comprobar en la Figura 5.10; es decir, la variable que se pretende utilizar como salida para la técnica de inteligencia artificial o en el modelo que se quiera implementar.

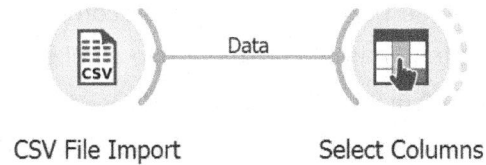

CSV File Import   Select Columns

Figura 5.9 Detalle de la conexión entre el widget de lectura y el de procesamiento de los datos.

Como se detalló anteriormente, la primera columna categórica es la que se pretende marcar como variable **target**, de la siguiente forma:

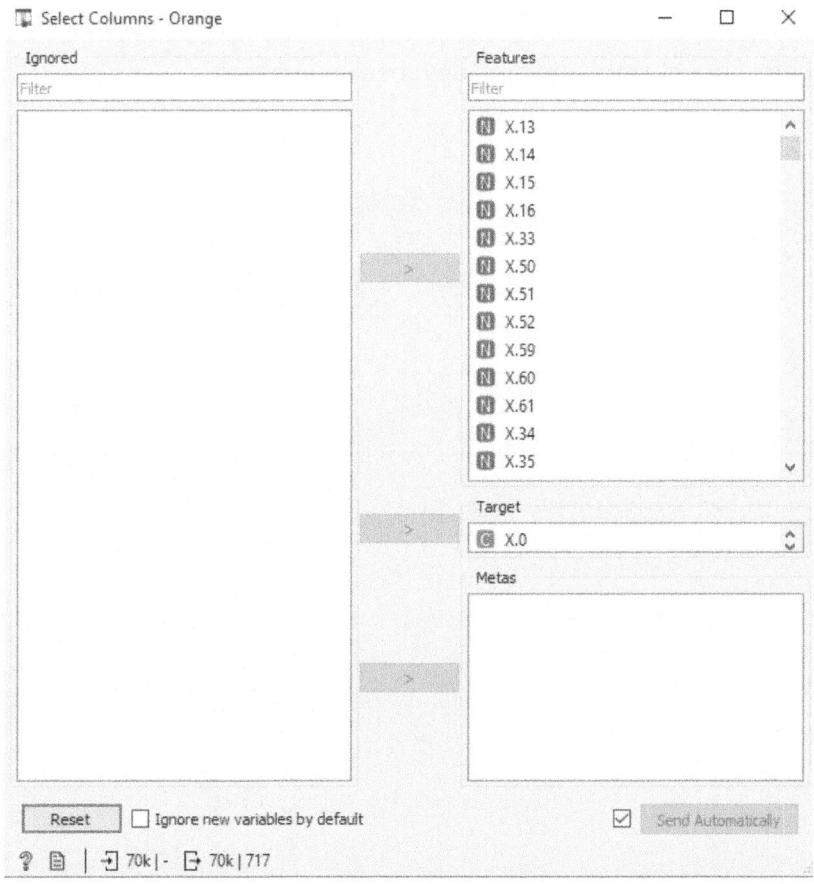

Figura 5.10 Detalle del widget Select Columns, donde se ha trasladado la columna categórica X.0 desde Features hasta Target por medio del filtro.

4) El proceso debe repetirse para cargar los datos correspondientes al conjunto de datos de test, para su posterior uso en el entrenamiento y evitar problemas como el sobreentrenamiento.

5) Se incorpora, de manera paralela a los anteriores widgets, el módulo de Neural Network incluido en la sección **Model**. Este se encargará del entrenamiento de una arquitectura MLP, la cual será personalizable en opciones tales como el número de neuronas, la función de activación y el número de iteraciones o épocas que se pretende dar al entrenamiento, entre otros. Todo ello está ilustrado en la Figura 5.11. Este widget proporciona una herramienta sencilla y general para el entrenamiento de redes neuronales.

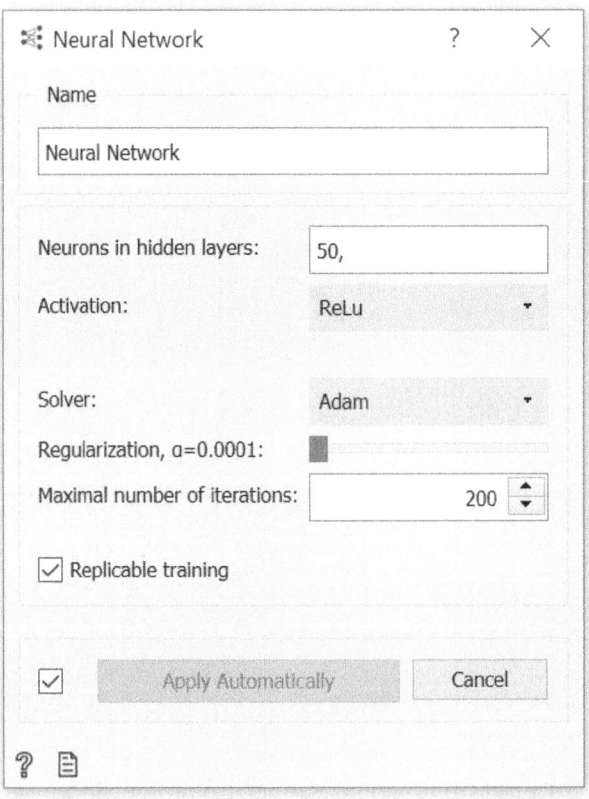

Figura 5.11 Detalle del widget Neural Network, que permite seleccionar desde el número de neuronas hasta el número máximo de iteraciones.

6) La utilización del widget **Test and Score** permite no solo el entrenamiento de la red, sino que también aplica diversas medidas para conocer la precisión del clasificador o, en general, del modelo de red entrenado. A este widget se le deben conectar los previos como entradas, como se muestra a continuación en la Figura 5.12:

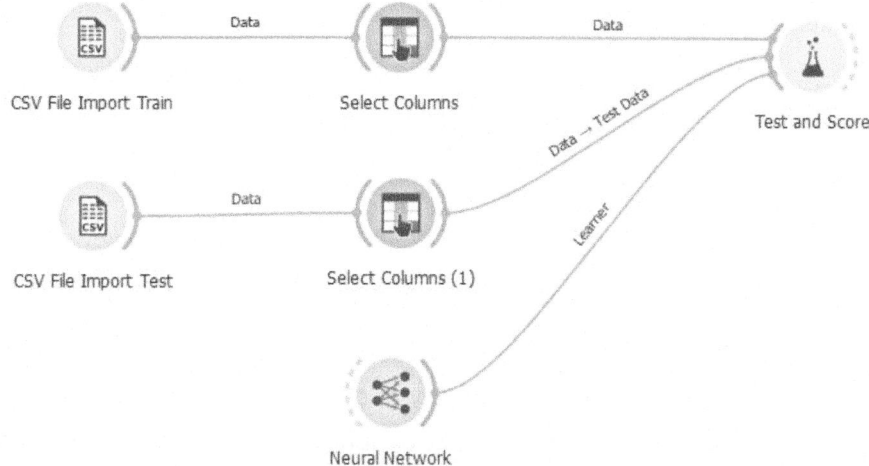

Figura 5.12 Estructura de conexión entre widgets para el entrenamiento y validación de una red neuronal.

Los resultados se muestran en los detalles del widget. Nótese que para conocer de forma más adecuada si se está realizando un entrenamiento válido, se ha de medir la precisión sobre el conjunto de datos que no ha sido utilizado para el entrenamiento, marcando la opción **Test on test data** (Figura 5.13):

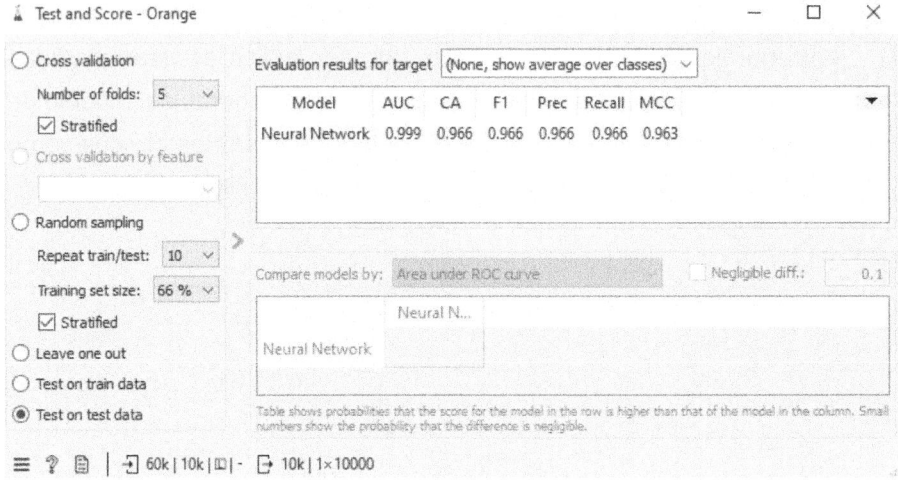

Figura 5.13 Detalle del widget Test and Score que muestra medidas estadísticas de la precisión obtenida sobre el conjunto de test, para todas las clases.

Como se observa en la figura, se muestran diversos marcadores estadísticos, con valores entre 0 y 1, que representan la calidad de la clasificación. Además, es posible comprobar los porcentajes de acierto en la clasificación para categorías en concreto seleccionando la deseada en el desplegable **Evaluation results for target** (Figura 5.14):

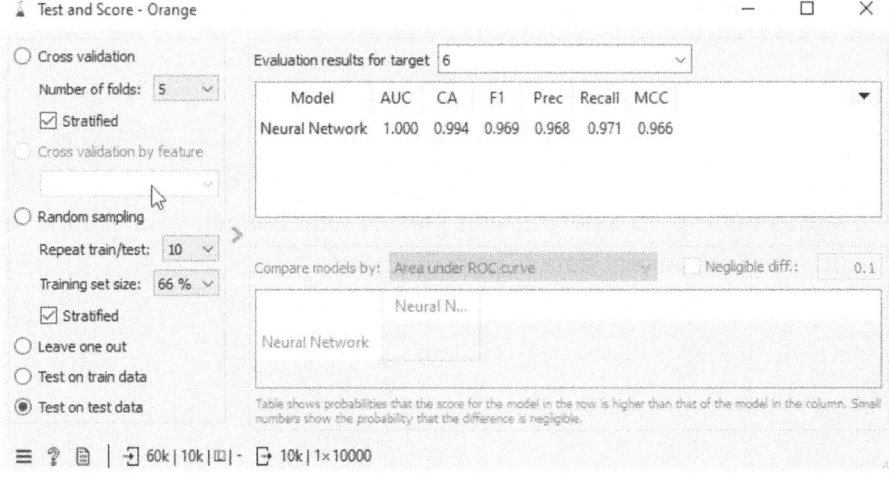

Figura 5.14 Detalle del widget Test and Score que muestramedidas estadísticas de la precisión obtenida sobre el conjunto de test, especificando los resultados de una clase en particular.

7) Un modelo entrenado puede, a su vez, guardarse con el widget **Save Model** (Figura 5.15). El archivo generado podrá ser leído posteriormente para no requerir repetir el entrenamiento de la red.

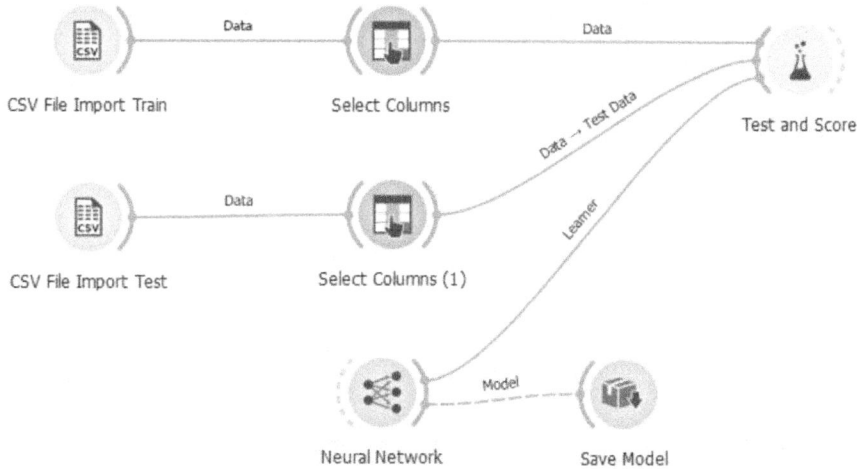

Figura 5.15 Estructura de conexión entre widgets para el entrenamiento y validación de una red neuronal; se añade un módulo para guardar el modelo entrenado.

8) La aplicación del modelo entrenado sobre datos reales o datos nuevos, para que la red entrenada genere una salida, se puede llevar a cabo con el widget **Predictions**, que tomará como entrada la red neuronal y el set de datos que contenga las nuevas muestras sobre las que aplicarse.

Además, se pueden agregar otros widgets, como **Data Table** o **Data Visualizer**, para explorar los resultados y visualizar los resultados del MLP en el conjunto de datos MNIST.

CAPÍTULO 6
LAS MÁQUINAS DE VECTORES DE SOPORTE

6.1. Introducción

Las máquinas de vectores de soporte, en inglés *support vector machines* (SVM), comenzaron su desarrollo en la década de 1990 como un modelo pensado para la clasificación. En la actualidad, gracias a las extensiones realizadas, también se pueden utilizar en problemas de regresión.

A la hora de analizar cómo funcionan las máquinas de vectores de soporte, se puede suponer que, dado un conjunto de datos de n variables, las SVM buscan el hiperplano de dimensión n-1 que mejor separa ese conjunto de datos en dos categorías. En la Figura 6.1 se muestra el caso de un conjunto de datos con dos variables de entrada. Este problema se puede representar en plano y el hiperplano referido pasaría a ser una recta. Es decir, el modelo de SVM buscará la recta que permita una mejor separación de los datos en dos categorías. Por mejor recta de separación se entiende la que separe los datos en las dos categorías mencionadas y, además, consiga que dicha recta se sitúe a la mayor distancia posible de los puntos. Nótese que en muchas ocasiones no es posible realizar dicha separación de manera perfecta y puede haber puntos que no se clasifiquen correctamente en la categoría a la que pertenecen. Es decir, en el caso de la Figura 6.1, sería cuando un dato de una categoría quede en la zona del espacio que le corresponde a otra.

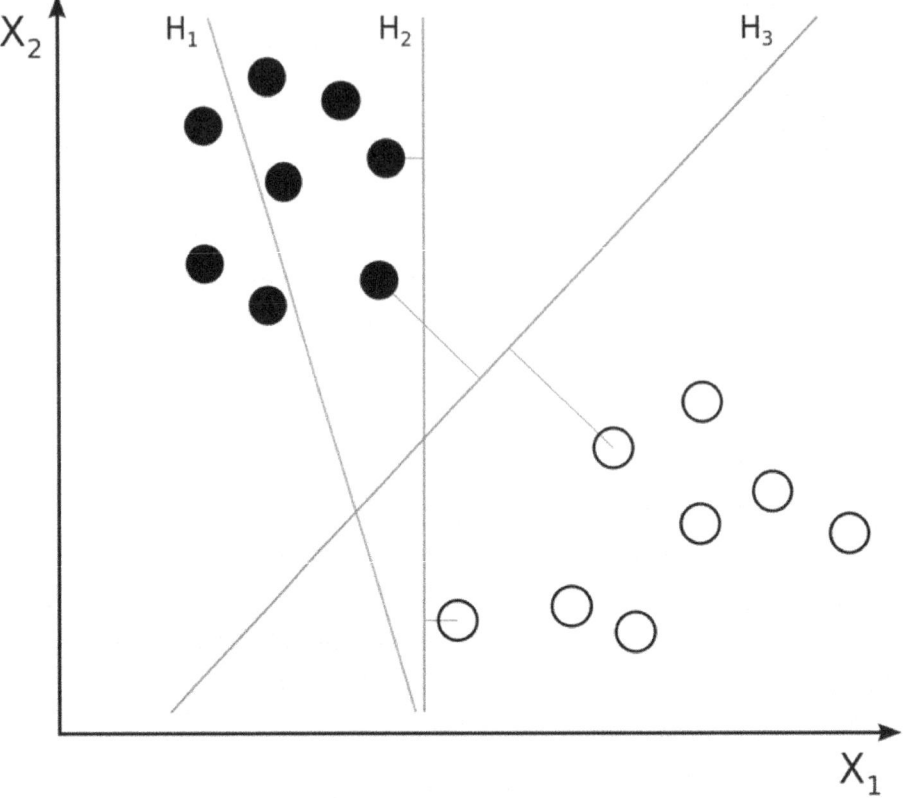

Figura 6.1 Flujo de trabajo de un ejemplo de regresión lineal.

Dado que se trata de un método conceptualmente distinto a los de regresión, seguidamente se propone un ejemplo que permita entender el comportamiento de este.

6.2. Ejemplo de aplicación de las máquinas de vectores de soporte como clasificador en Orange

En este ejemplo se hará uso de la base de datos Iris, ya empleada en ejemplos anteriores, con el fin de ilustrar la aplicación de las máquinas de vectores de soporte en Orange. Para ello, se introducen en el canvas los widgets que permiten, en primer lugar, cargar la base de datos objeto de estudio para, seguidamente, seleccionar como variable objetivo la variable categórica iris, es decir, la especie a la que pertenece cada flor de iris. Después se entrena un modelo de SVM y se representan los resultados obtenidos en un Scatter Plot. Este proceso se representa en la Figura 6.2.

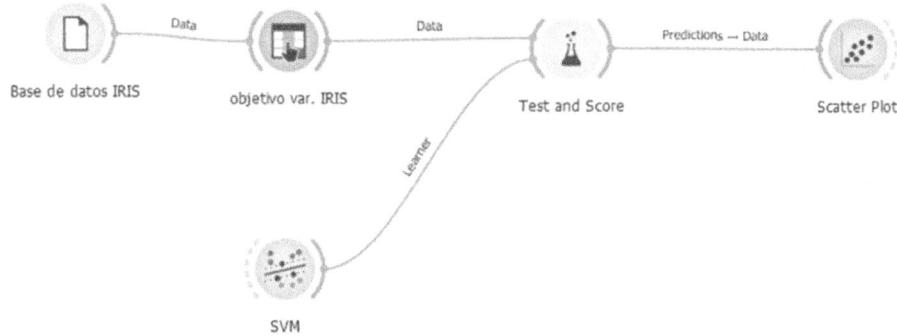

Figura 6.2 Flujo de trabajo de un ejemplo de regresión lineal.

Tanto en el Scatter Plot que se muestra en la Figura 6.3 como en el diagrama de tamiz de la Figura 6.4, se aprecia la capacidad de clasificación del modelo. Así, resulta posible afirmar que la mayoría de las observaciones se clasifican de forma correcta. Dado que con este ejemplo solamente se quiere presentar al lector la capacidad de clasificación de un modelo de SVM, se han dejado en sus valores por defecto los parámetros del SVM.

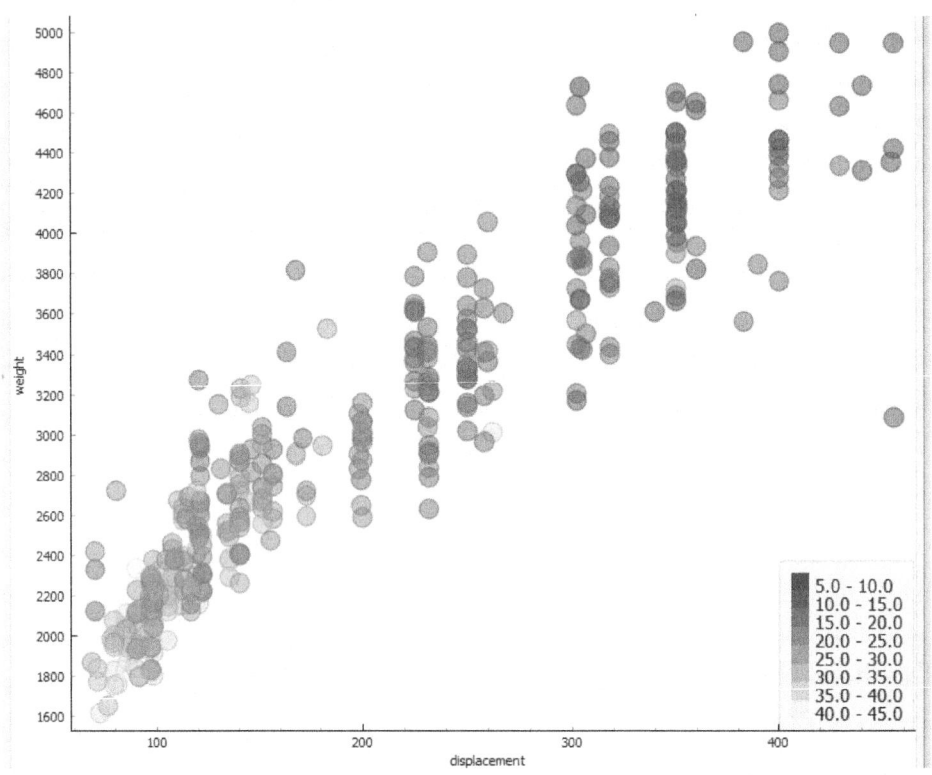

Figura 6.3 Scatter Plot de la clasificación realizada por el modelo SVM.

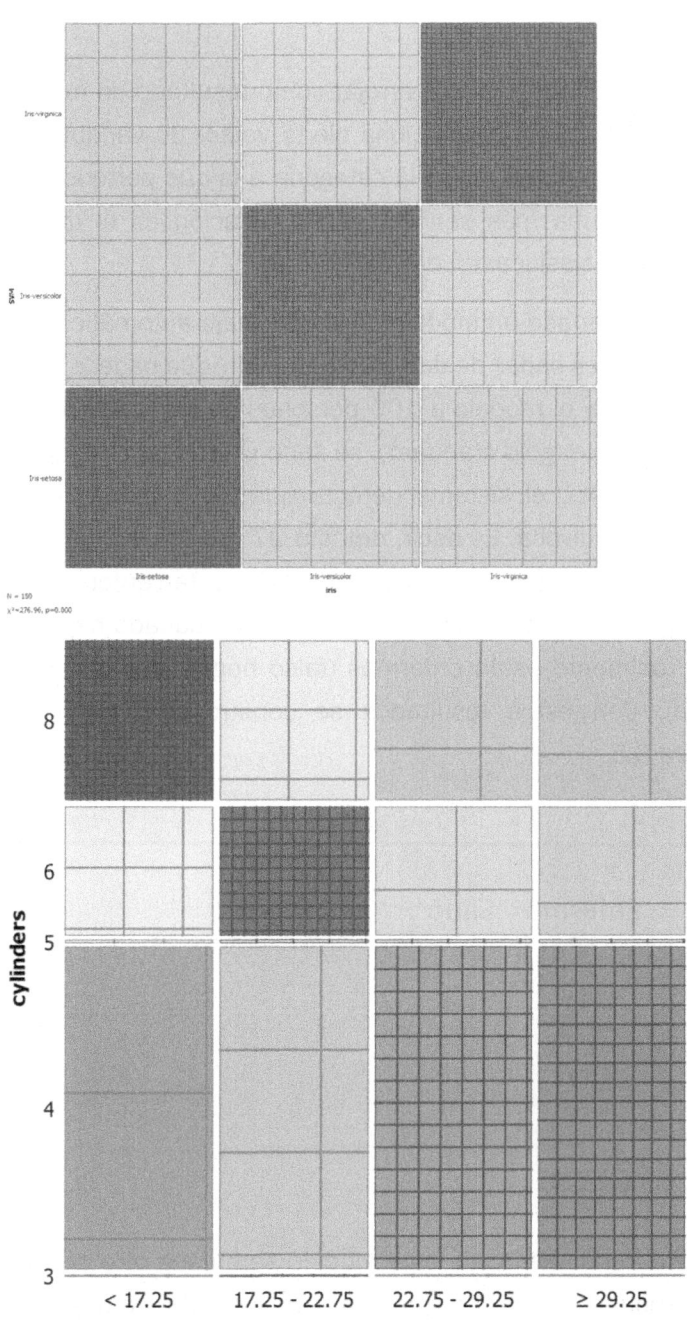

N = 398

χ^2=425.60, p=0.000

Figura 6.4 Diagrama de tamiz.

6.3. Medidas de rendimiento

Los modelos de clasificación, en lugar de arrojar como resultado un número correspondiente al resultado que proporciona cierto vector de variables de entrada, ofrecen una etiqueta que indica la categoría a la que pertenece un vector de datos. El problema más sencillo de clasificación es el que se presenta cuando se quiere clasificar en dos categorías.

Supóngase que se ha entrenado un modelo de aprendizaje automático que, a partir de cinco variables, es capaz de detectar si un individuo padece cierta enfermedad o no. Se aplica el modelo a 100 personas de las que, por otro método considerado infalible (*gold standard*), se sabe si realmente padecen dicha enfermedad o no. Así, el sistema detecta que 40 personas están enfermas, pero en 3 se equivoca. Es decir, detecta 37 enfermos de verdad (verdaderos positivos) y a otras tres personas les dice que están enfermas sin padecer la enfermedad (falsos positivos). De las 60 con resultado negativo, hay 7 persona que realmente están enfermas (falso negativo) y 53 sanas (verdadero negativo). Con estos resultados se construye la matriz de confusión de la Figura 6.5.

		Valores reales	
		Enfermo	Sano
Predicciones	Enfermo	37	3
	Sano	7	53

Figura 6.5 Matriz de confusión.

Si una vez evaluado el rendimiento de este modelo se crease otro distinto, sería de interés disponer de alguna métrica que permita comparar el rendimiento de ambos modelos. Seguidamente se procede a la definición de los conceptos de especificidad y sensibilidad. Si bien estos conceptos son válidos para la clasificación en cualquier modelo de aprendizaje automático, surgieron en el campo de la medicina. Su explicación resulta intuitiva dentro de este contexto, pero es extrapolable a cualquier otro.

Así, por sensibilidad se entiende la probabilidad de clasificar correctamente a un individuo enfermo y es, por tanto, la capacidad que tiene el modelo para detectar la enfermedad. Su fórmula viene dada por:

$$Sensibilidad = \frac{VP}{VP + FN}$$

donde VP representa los verdaderos positivos, es decir, las personas detectadas como enfermas estando realmente enfermas, y FN son los falsos negativos, es decir, las personas que estando enfermas el modelo no es capaz de detectar como tales.

De manera análoga, la especificidad es la probabilidad de clasificar correctamente a un individuo sano, es decir, la probabilidad de que para un sujeto sano se obtenga un resultado negativo. Su fórmula es:

$$Especificidad = \frac{VN}{VN + FP}$$

donde VN representa los verdaderos negativos, es decir, los individuos considerados por el modelo como sanos y que realmente lo están, y FP son los falsos positivos, es decir, los individuos que, a pesar de estar sanos, han sido clasificados como enfermos por el modelo.

Además de la especificidad y la sensibilidad, existen otros indicadores de interés. Los dos más empleados son el valor predictivo positivo (**VPP**) y el valor predictivo negativo (**VNN**). El primero de ellos permite conocer la probabilidad de que el individuo padezca la enfermedad en caso de obtener un resultado positivo en el test, mientras que el segundo proporciona el resultado equivalente para individuos sanos. Es decir, indica cuál es la probabilidad de que un sujeto con un resultado negativo en la prueba esté realmente sano. Las fórmulas de estos dos indicadores son las que se describen a continuación:

$$VPP = \frac{VP}{VP+FN}$$

$$VPN = \frac{VN}{FN + VN}$$

Conocidas las fórmulas de sensibilidad y especificidad, resulta necesaria la definición del índice de Youden, el cual se suele representar por J. Dicho índice es igual a la suma de la sensibilidad más la especificidad menos uno.

$$J = Sensibilidad + Especificidad - 1$$

El índice de Youden sirve para resumir el rendimiento de un modelo, dado que hace uso simultáneo de los valores de especificidad y sensibilidad.

6.4. Curvas ROC

Otra métrica de gran interés para la valoración del rendimiento de un modelo de clasificación basado en aprendizaje automático es el área bajo la curva ROC. El acrónimo ROC en inglés significa *receiver operating characteristic*, lo que en español se puede traducir como característica operativa del receptor. El área bajo la curva ROC indica cómo de bien diferencia un modelo entre dos categorías, por ejemplo, individuos que participan en un ensayo clínico pero están sanos frente a los individuos que participan en el mismo ensayo pero están enfermos.

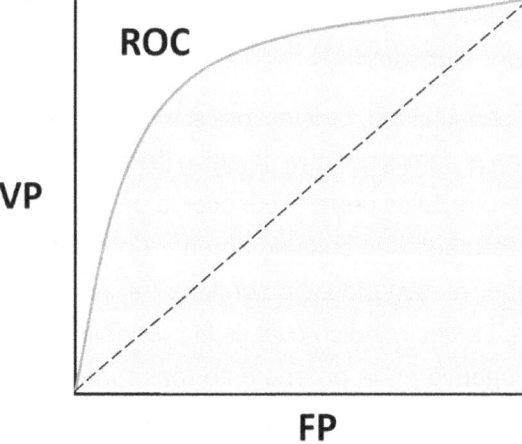

Figura 6.6 Ejemplo de área bajo la curva ROC.

Cuanto mayor sea el valor del área bajo la curva ROC, mayor será la capacidad que tiene el modelo para distinguir entre ambas categorías. Pero, antes de calcular el área bajo la curva ROC, resulta necesario conocer cómo se representa esta curva y qué significa.

La Figura 6.6 muestra un ejemplo de curva ROC. En una curva ROC se representa la sensibilidad en ordenadas frente al valor calculado de *1−Especificidad* en abscisas. Aquellos modelos que tengan rendimientos elevados, es decir, que sean capaces de realizar buenas clasificaciones, tendrán valores del área bajo la curva ROC cercanos a 1. En cambio, un modelo cuyo valor del área bajo la curva ROC sea de 0.5 o menor, mostrará una mala capacidad de clasificación o, en otras palabras, no será capaz de realizar dicha tarea. En la Figura 6.6 la línea discontinua representa un modelo con un área bajo la curva ROC de 0.5.

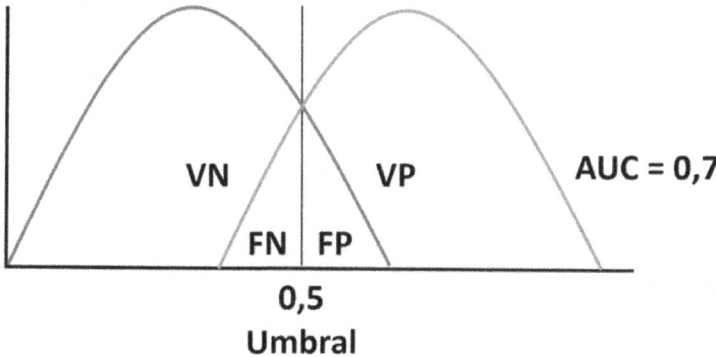

Figura 6.7 Ejemplo de funciones de densidad para individuos positivos y negativos (VN: verdadero negativo, FN: falso negativo, FP: falso positivo, VP: verdadero positivo y AUC: área bajo la curva ROC).

La Figura 6.7 presenta un ejemplo de distribución de probabilidades en individuos clasificados como pertenecientes a una de las dos posibles categorías: positivos (curva verde) o negativos (curva azul). Así, se supone que a cada uno de dichos individuos se le ha asignado un valor numérico comprendido entre 0 y 1, relacionado con la probabilidad de padecer la enfermedad: la probabilidad es más alta cuanto más cercano está dicho número a 1. Se observa que los pacientes que son verdaderos negativos, es decir, que están sanos, toman valores en la variable predictora entre 0 y 0.7, siendo 0.5 el punto de corte que indica que son verdaderos negativos. Así, todos aquellos pacientes que son verdaderos negativos y tienen un valor de la variable de hasta 0.5 serán etiquetados correctamente como verdaderos negativos, mientras que los que tengan valores por encima se etiquetarán como positivos, convirtiéndose, por tanto, en falsos positivos. Nótese que el punto de corte de este ejemplo se ha fijado de forma arbitraria.

Lo mismo ocurre con los individuos clasificados como positivos, pues estos toman valores entre 0.4 y 1 según la distribución de la función de densidad que les corresponde. En este caso, todos aquellos individuos con un valor comprendido entre 0.4 y 0.5 serán clasificados de forma incorrecta como falsos negativos, pues realmente se trata de pacientes que son positivos. A partir de la información disponible, resulta posible calcular la probabilidad que presenta un individuo cualquiera de ser clasificado correctamente en la categoría que le corresponde. Supóngase que en el caso del modelo cuyo rendimiento se muestra en la figura, este tiene un 70 % de probabilidades de clasificar a un individuo de forma correcta.

Partiendo de las funciones de densidad que se representan en la Figura 6.7, resulta posible trazar una curva ROC como la que se muestra en la Figura 6.8. Así, el área bajo esta curva, si la capacidad de clasificación es del 70 %, será de 0.7.

Un caso límite en el que el modelo se demostraría inútil como clasificador es aquel en el que la probabilidad de ser positivo o negativo fuera la misma para todos los valores de la respuesta comprendida entre 0 y 1. Es decir, dado un individuo que fuera positivo, la probabilidad de que el modelo lo considere como tal es del 50 % y lo mismo se puede decir para un individuo que fuera negativo, pues el modelo lo clasificaría como tal con una probabilidad del 50 %.

Se trata del caso que se presenta en la Figura 6.9, en el que ambas funciones de densidad se superponen. Es decir, ambas categorías presentan la misma probabilidad de ocurrencia para los mismos valores. Por tanto, el modelo no es capaz de clasificar, dado que puede asignar a un positivo la etiqueta de positivo o negativo con la misma probabilidad, y lo mismo ocurre con los negativos.

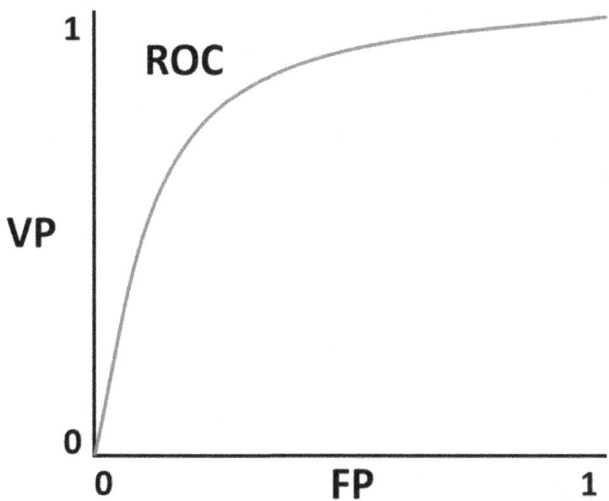

Figura 6.8 Curva ROC correspondiente a las funciones de densidad presentadas en la figura anterior (VP: verdaderos positivos, FP: falsos positivos).

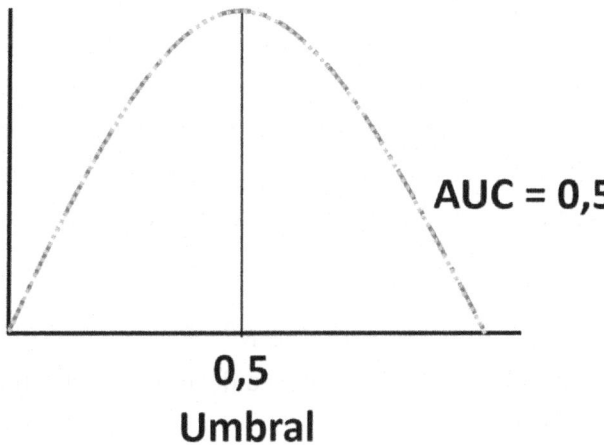

Figura 6.9 Ejemplo de funciones de densidad para individuos positivos y negativos en el que ambas curvas se superponen.

En ese caso resulta una curva ROC como la que se expone en la Figura 6.10, con un área bajo la curva de 0.5 y una probabilidad de acertar casos y controles del 50 %.

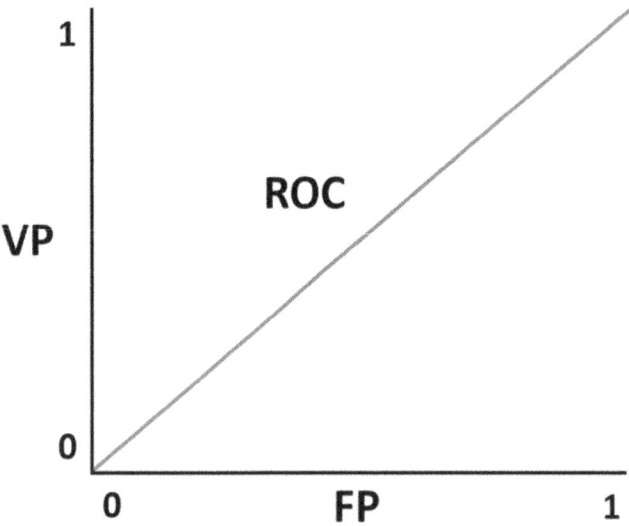

Figura 6.10 Curva ROC correspondiente a las funciones de densidad presentadas en la figura anterior (VP: verdaderos positivos, FP: falsos positivos).

6.5. Teoría de las máquinas de vectores de soporte

Tal y como ya se ha indicado con anterioridad, las máquinas de vectores de soporte fueron concebidas como un algoritmo de clasificación. Seguidamente se realiza una introducción teórica a las mismas a través del caso más simple posible, esto es, el de una clasificación binaria en casos y controles etiquetada como $\{-1, 1\}$. Así, se consideran los predictores de esta forma:

$$f\colon \mathbb{R}^D \longrightarrow \{-1,1\}$$

Los datos objeto de estudio son un vector $x_n \in \mathbb{R}^D$. El conjunto de entrenamiento viene dado por $\{(x_1, y_1), \dots, (x_N, y_N)\}$. Es decir, se analiza un problema con n variables distintas.

El entrenamiento del modelo de máquinas de vectores de soporte consiste en la estimación de los parámetros del modelo de manera que estos proporcionen el menor error de clasificación posible. Es necesario destacar que este problema no admite una solución analítica general. Así, por ejemplo, en la Figura 6.11 se presenta un caso en el que sí es posible separar los puntos por infinitos hiperplanos (subespacio afín de dimensión $D{-}1$), mientras que en la Figura 6.12 esto no sería posible.

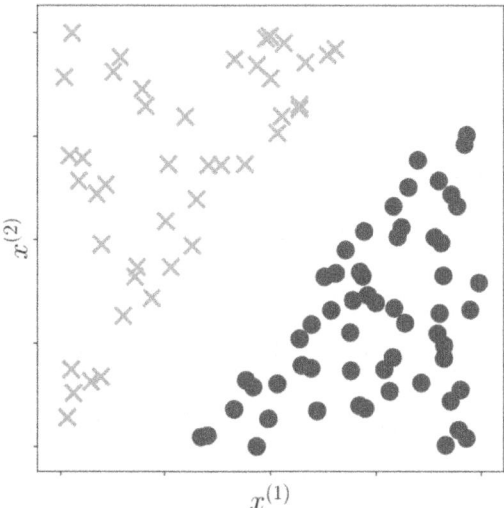

Figura 6.11 Caso separable por medio de una recta.

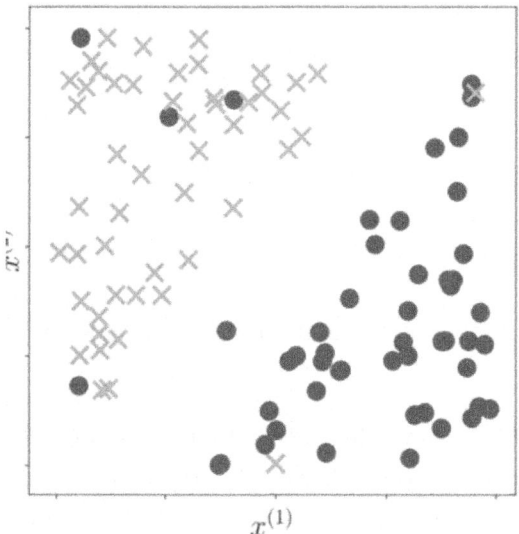

Figura 6.12 Caso no separable por medio de una recta.

Dados dos vectores del conjunto de datos x_i y x_j, una forma de evaluar la similitud entre ellos es por medio del producto interno $\langle x_i, x_j \rangle$, el cual se define a continuación.

Sea $x \in \mathbb{R}^D$, se considera la función:

$$f: \mathbb{R}^D \longrightarrow \mathbb{R}$$

$$x \longmapsto \langle \omega, x \rangle + b$$

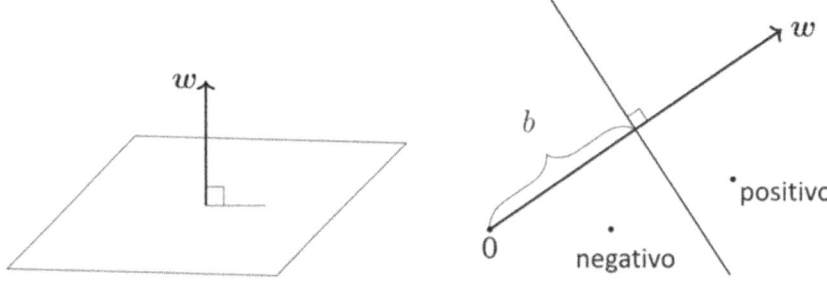

Figura 6.13 Producto interno.

Con $\omega \in \mathbb{R}^D$ y $b \in \mathbb{R}$.

El hiperplano es un espacio afín que separa las dos clases del problema de clasificación binaria tal que $\{x \in \mathbb{R}^D : f(x) = 0\}$. Para clasificar un vector x_e se calcula el valor de $f(x_e)$ y se clasifica como $+1$ si $f(x_e) \geq 0$ y -1 en caso contrario.

Es decir:

$\langle \omega, x_n \rangle + b \geq 0$ si $y_n = 1$

$\langle \omega, x_n \rangle + b < 0$ si $y_n = -1$

Ambas condiciones se pueden presentar en una única ecuación como $y_n(\langle \omega, x_n \rangle + b) \geq 0$.

Así, dado un conjunto de datos que sea linealmente separable, $\{(x_1, y_1), \dots, (x_n, y_n)\}$, existirá un conjunto infinito de hiperplanos de separación. Para comprender mejor este concepto, se representa en la Figura 6.14.

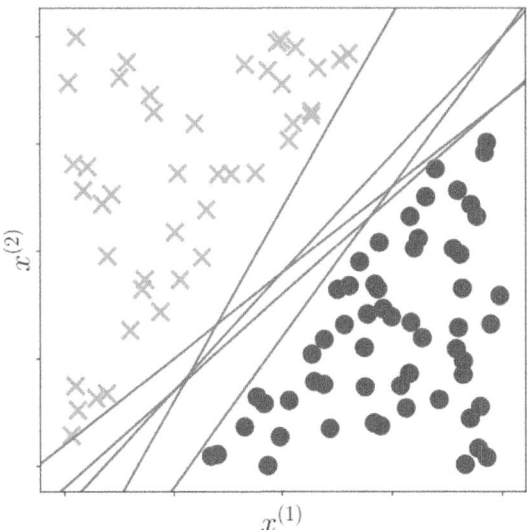

Figura 6.14 Ejemplo de separación por infinitos hiperplanos.

Por tanto, es posible encontrar clasificadores que resuelvan el problema sin error alguno en el caso de conjuntos de datos linealmente separables. Aunque, tal y como se observa en la Figura 6.14, existen infinitos hiperplanos que resuelven el problema, hay un único hiperplano de separación que maximice el margen entre las muestras positivas y negativas.

A pesar de esto, en el caso más general, como el que se muestra en la Figura 6.12, los datos no serán linealmente separables. En esta situación se puede permitir que algunos datos se encuentren en la zona del margen o incluso en la parte incorrecta del espacio.

6.5.1. La función de pérdida

Seguidamente se presenta un ejemplo de modelo de máquinas de vectores de soporte similar al anterior, pero en el que se aportan más detalles sobre su entrenamiento y los resultados obtenidos. Así, hacemos nuevamente uso de la base de datos **Iris** y seleccionamos como variable de salida la del mismo nombre, que clasifica a las flores en su correspondiente especie. Una vez que se dispone en el canvas de los widgets presentados en la Figura 6.15, resulta posible hacer clic sobre el widget denominado **SVM** para configurar los parámetros del mismo.

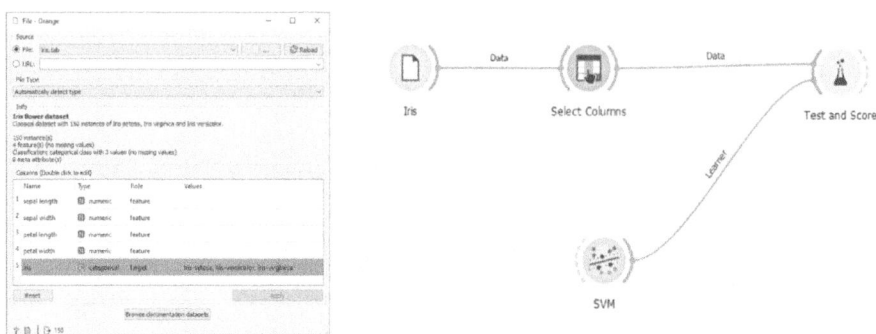

Figura 6.15 Widgets que se emplean en el ejemplo; detalle del menú de selección de columnas del conjunto de datos.

Las opciones del widget SVM son las que se presentan en la Figura 6.16. Nótese que dicho widget puede emplearse tanto para regresión como clasificación. Para las tareas de regresión, el SVM hace uso de regresiones lineales en espacios de características de alta dimensión usando el parámetro denominado **ε-insensitive loss**. La precisión de su estimación depende de una buena configuración de C, ε y los parámetros del kernel.

Nótese que en dicho widget aparecen tanto SVM como v-SVM. Las máquinas de vectores de soporte (SVM) y las SVM de vectores de soporte de variedad (v-SVM) son dos tipos diferentes de algoritmos de aprendizaje automático basados en SVM. La principal diferencia entre SVM y v-SVM es que las SVM están diseñadas para manejar problemas de clasificación binaria, mientras que las v-SVM lo están para resolver problemas de regresión.

Otra diferencia importante es que las v-SVM permiten la incorporación de restricciones adicionales en la solución, como la separación de clases en regiones específicas del espacio de características. Estas restricciones adicionales se denominan restricciones de variedad y pueden ser útiles en problemas de clasificación multiclase donde la distribución de las clases es muy desigual.

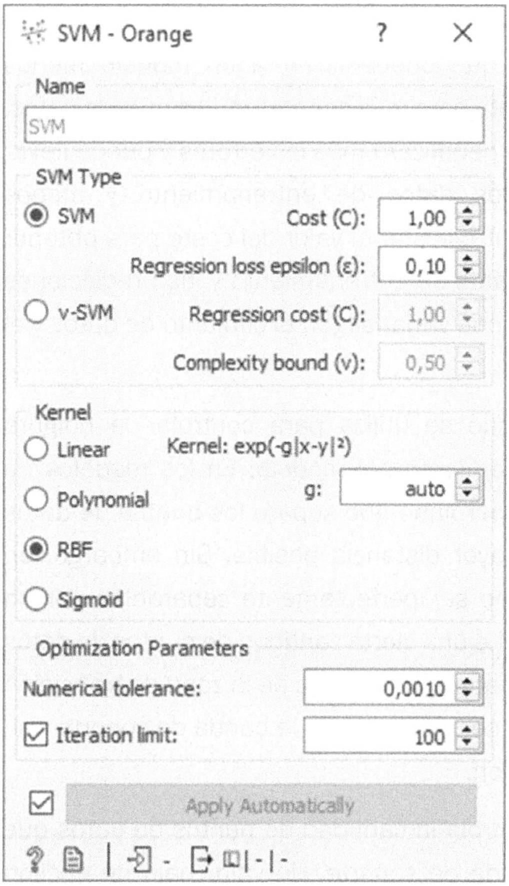

Figura 6.16 Opciones del widget SVM.

El coste en un modelo SVM es un parámetro que controla la cantidad de errores que se permiten en el proceso de entrenamiento del modelo. En la formulación estándar del SVM, el objetivo es encontrar un hiperplano que separe los puntos de datos de las diferentes clases con la mayor distancia posible. Este hiperplano se define mediante un conjunto de vectores de soporte que son los puntos de datos más cercanos al hiperplano. El coste en un modelo SVM se refiere a la penalización que se impone por cada punto de datos mal clasificado, es decir, que se encuentra en el lado equivocado del hiperplano.

Un valor bajo de coste permitirá que se cometan más errores en el proceso de entrenamiento del modelo, lo que puede llevar a un modelo menos ajustado a los datos de entrenamiento pero más generalizado a nuevos datos. Por otro lado, un valor alto de coste penalizará más los errores y puede llevar a un modelo sobreajustado a los datos de entrenamiento y menos generalizado. Por tanto, es importante ajustar el valor del coste para obtener el mejor modelo posible para los datos de entrenamiento y las predicciones futuras. El valor óptimo del coste puede variar según el conjunto de datos y el problema específico de clasificación.

La épsilon (ε) es un parámetro que se utiliza para controlar la holgura permitida en el proceso de entrenamiento del modelo. En los modelos de SVM, el objetivo es encontrar un hiperplano que separe los puntos de datos de las diferentes clases con la mayor distancia posible. Sin embargo, en algunos casos, los datos pueden no ser perfectamente separables por un hiperplano. En estos casos, se permite una cierta cantidad de puntos de datos que se clasifican incorrectamente o que están dentro de la zona de transición alrededor del hiperplano. Esta zona se conoce como la banda de soporte y su ancho se controla mediante la épsilon.

En términos simples, la épsilon controla la cantidad de puntos de datos que se permiten caer dentro de la banda de soporte. Un valor bajo de épsilon permitirá una banda de soporte estrecha, lo que puede llevar a un modelo más ajustado a los datos de entrenamiento pero menos generalizado. Por otro lado, un valor alto de épsilon permitirá una banda de soporte más amplia, lo que puede llevar a un modelo menos ajustado a los datos de entrenamiento pero más generalizado. El valor óptimo de la épsilon puede variar según el conjunto de datos y el problema específico de clasificación.

La **v** es un parámetro utilizado en los modelos SVR que controla la cantidad de puntos de datos que se permiten caer dentro de la banda de soporte. Los modelos de v-SVR son una variante de los modelos de SVM que se utilizan para problemas de regresión, en los que el objetivo es predecir valores continuos en lugar de clasificar datos en categorías. En los modelos de v-SVR, se utiliza la épsilon para definir la banda de soporte alrededor de la función de regresión y la **v** para controlar la cantidad de puntos de datos que se permiten caer dentro de la banda de soporte.

Un valor bajo de **v** permitirá una banda de soporte estrecha, lo que puede llevar a un modelo más ajustado a los datos de entrenamiento pero menos generalizado. Por otro lado, un valor alto de **v** permitirá una banda de soporte más amplia, lo que puede llevar a un modelo menos ajustado a los datos de entrenamiento pero más generalizado.

Al igual que en los modelos de SVM, el valor óptimo de **v** puede variar según el conjunto de datos y el problema específico de regresión. Por lo tanto, se recomienda ajustar la **v** utilizando técnicas de validación cruzada para encontrar el valor que maximiza el rendimiento del modelo. En general, los modelos de v-SVR ofrecen una mayor flexibilidad y generalización que los modelos de SVM estándar en problemas de regresión con datos ruidosos y no lineales.

La función de kernel es un tipo de función que transforma los atributos del espacio a un nuevo espacio de características para adaptarse al hiperplano de margen máximo. El algoritmo está implementado en el widget de Orange. Este algoritmo puede hacer uso de kernels lineales, polinomiales, del tipo *radial basis functions* (RBF) y sigmoidales. Cuando se escoge cierto kernel, se pone de manifiesto qué parámetros se pueden modificar en cada caso.

Así, en el caso del kernel lineal no existe ningún parámetro modificable. Para el kernel polinomial, se tienen los parámetros *g*, *c* y *d*. Para *g*, el valor recomendado es el del número de variables del modelo; *c* es la constante c_0 de la función de kernel y por defecto se la suele considerar igual a cero, mientras que *d* expresa el grado del kernel y por defecto toma un valor de 3.

En el caso del kernel RBF, el sistema ofrece un valor de forma automática. En el caso del kernel sigmoidal, el parámetro *g* se puede determinar de manera automática, mientras que el valor de *c* debe introducirse de forma manual: es recomendable probar primero con 1 o algún valor cercano a este número.

Se establece la desviación permitida del valor esperado en tolerancia numérica. Se puede marcar la casilla junto al límite de iteración para establecer el número máximo de iteraciones permitidas. En la Figura 6.17 se muestran los resultados que se obtienen haciendo uso de los valores de los parámetros que se muestran en la Figura 6.16 y realizando el entrenamiento con el 75 % de los datos disponibles, seleccionados de manera aleatoria y repitiendo el proceso de entrenamiento y validación 10 veces. Así, por ejemplo, se obtiene un valor del área bajo la curva ROC (AUC) de 0.934.

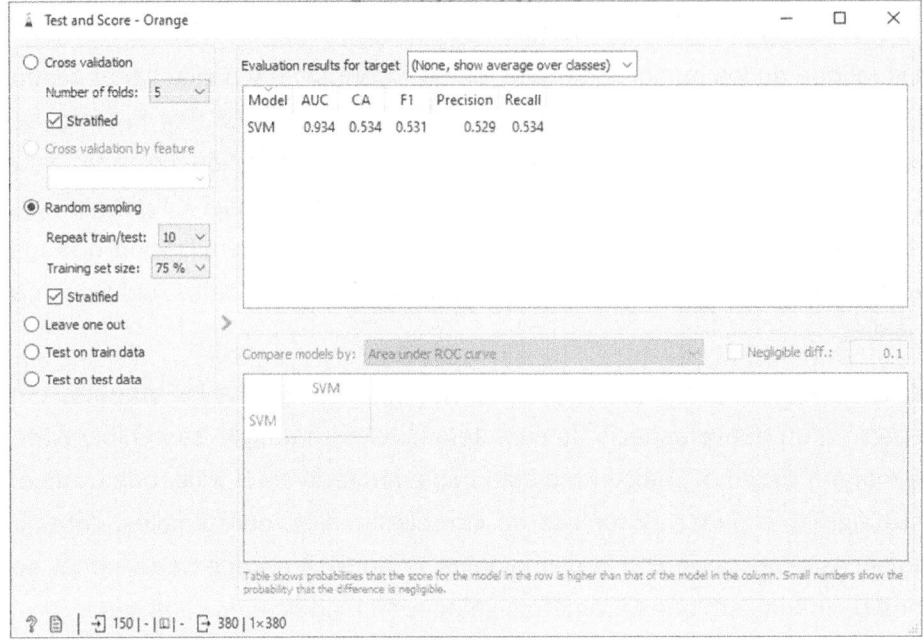

Figura 6.17 Resultados obtenidos con el modelo SVM entrenado haciendo uso del muestreo aleatorio.

La Figura 6.18 muestra los resultados que se obtienen del mismo modelo cuando se hace uso de la validación cruzada; en este caso, se aplicó validación cruzada con $k = 5$. El valor obtenido para el promedio de las áreas bajo la curva ROC fue de 0.913, ligeramente inferior al que se alcanzó por medio del muestreo aleatorio. El widget que muestra el rendimiento del modelo no solo recoge el valor de la curva ROC, sino otros indicadores de rendimiento que también son de interés. Así, tanto en la Figura 6.17 como en la Figura 6.18 se muestran otros cuatro indicadores. El primero de ellos es CA, que son las siglas de *accuracy classification error*, conocido en español como error de clasificación de precisión. Dentro de este widget también se calcula F1, que es la media armónica (raíz cuadrada del producto) de los indicadores *precision* y *recall*. *Precision* es la proporción de verdaderos positivos clasificados de forma correcta y que en español se suele denominar especificidad. Finalmente, por *recall* se entiende la proporción de verdaderos positivos entre todos los elementos clasificados como positivos. En español se conoce como sensibilidad. Nótese que además de obtener unos resultados globales para todo el conjunto de datos (haciendo uso del menú desplegable que se encuentra en la parte superior del widget), también se pueden obtener resultados parciales para cada una de las categorías. Véase al respecto la Figura 6.19.

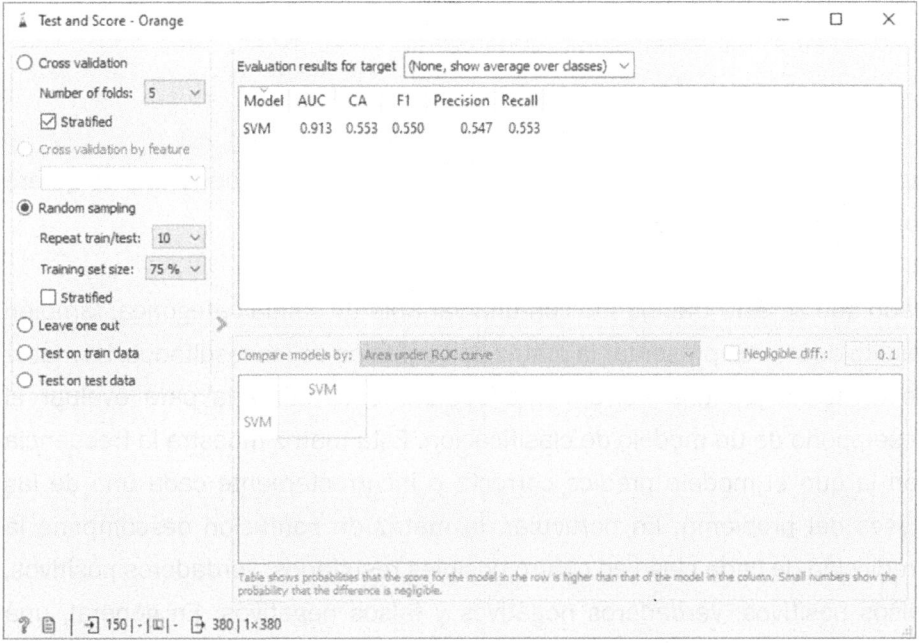

Figura 6.18 Resultados obtenidos con el modelo SVM entrenado haciendo uso del muestreo con validación cruzada.

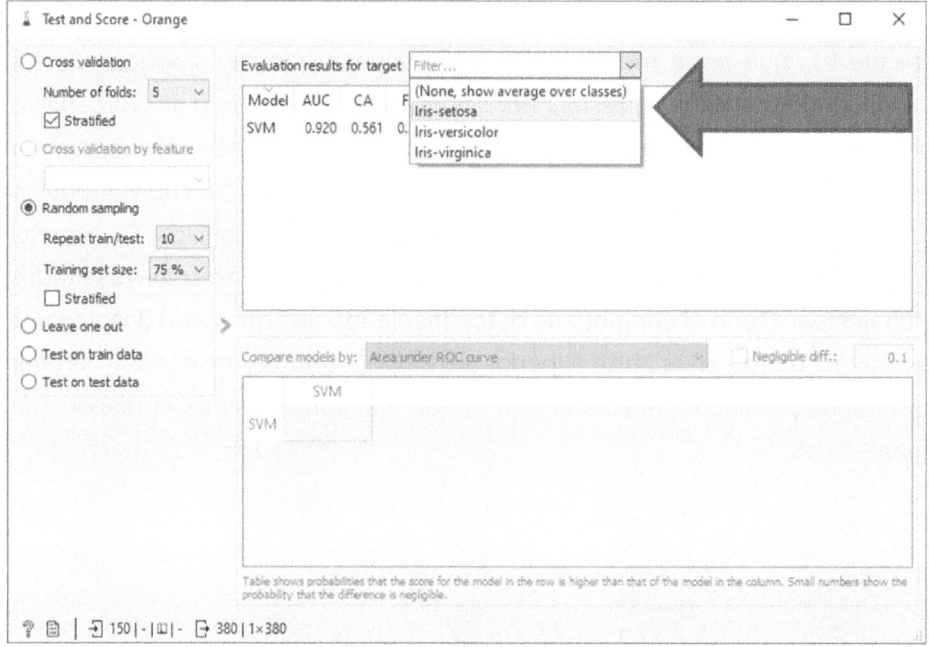

Figura 6.19 Selección de la categoría de la variable iris, de la que se quiere conocer el rendimiento del modelo entrenado.

Dado que se está trabajando con una variable de salida categórica, también resulta de interés presentar la matriz de confusión de los resultados. La matriz de confusión es una herramienta comúnmente utilizada para evaluar el desempeño de un modelo de clasificación. Esta matriz muestra la frecuencia con la que el modelo predice correcta o incorrectamente cada una de las clases del problema. En particular, la matriz de confusión descompone la predicción de cada clase en cuatro posibles resultados: verdaderos positivos, falsos positivos, verdaderos negativos y falsos negativos. En general, una buena matriz de confusión muestra un alto número de verdaderos positivos y verdaderos negativos y un bajo número de falsos positivos y falsos negativos. La matriz de confusión puede ser útil para evaluar la precisión y el rendimiento de un modelo de clasificación y ajustar sus parámetros si es necesario. Después, se añade un widget que permite calcular la matriz de confusión. El canvas resultante se presenta en la Figura 6.20. Tal y como se señala en ella, existe un widget que permite obtener la matriz de confusión.

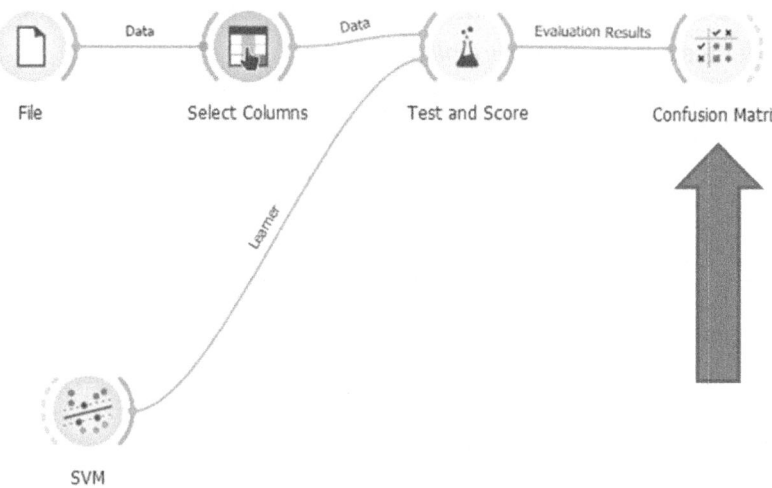

Figura 6.20 Canvas al que se le ha añadido el widget correspondiente a la matriz de confusión.

Tal y como ya se ha introducido anteriormente, una matriz de confusión es una tabla que se utiliza para evaluar el rendimiento de un modelo de clasificación. En el caso de este ejemplo, la tabla se recoge en la Figura 6.21. Esta tabla se divide en tres filas y tres columnas, y muestra el número de veces que el modelo clasificó correcta o incorrectamente cada una de las tres clases.

Cada una de las filas en la matriz representa una clase diferente, y cada una de las columnas representa la predicción del modelo para esa clase. En la diagonal principal de la matriz se encuentran los valores correspondientes a los casos en que el modelo predijo correctamente la clase. Por ejemplo, el valor en la primera fila y primera columna de la matriz correspondería al número de flores de la variedad *iris setosa* que el modelo clasificó correctamente. En este caso, el modelo ha clasificado de forma correcta 50 de las flores de la variedad *iris setosa*, mientras que otras tres se han clasificado incorrectamente como si pertenecieran a la variedad *iris versicolor*. De igual manera, en el caso de la variedad *iris versicolor*, del total de 73 flores existentes, únicamente se han clasificado en su verdadera categoría 28, mientras que las 45 restantes se han clasificado como pertenecientes a la variedad *virgínica*.

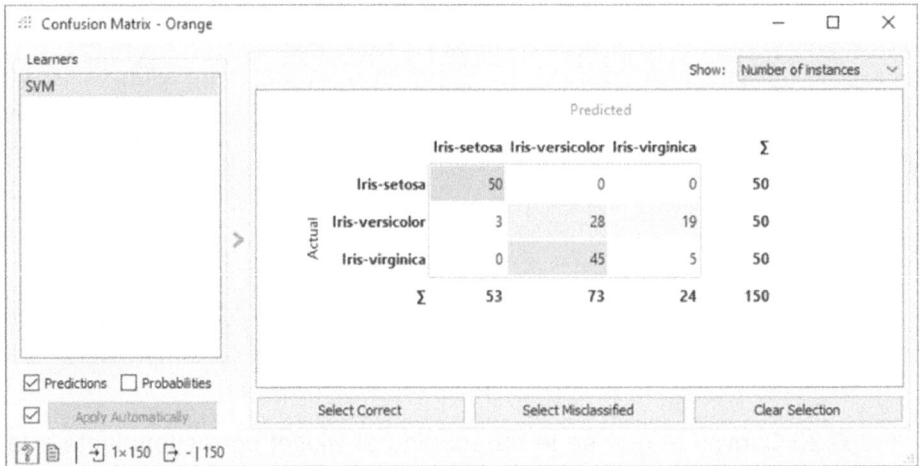

Figura 6.21 Matriz de confusión del modelo entrenado en este ejercicio.

Es decir, los valores fuera de la diagonal principal corresponden a los casos en que el modelo predijo incorrectamente la clase. En general, una buena matriz de confusión debería tener valores altos en la diagonal principal en comparación con el resto de las casillas, lo que indicaría que el modelo está clasificando correctamente las imágenes en cada una de las tres clases. Sin embargo, también es importante prestar atención a los valores fuera de la diagonal, ya que pueden indicar problemas en la capacidad del modelo para distinguir entre dos clases en particular, que es lo que ocurre en este ejemplo en lo referente a las variedades *versicolor* y *virgínica*, que suman entre ambas 97 flores, de las que únicamente tres han sido clasificadas de manera correcta.

Con el fin de facilitar el trabajo con los resultados obtenidos y la exportación a otras aplicaciones, Orange permite exportar los resultados obtenidos a otros formatos, entre ellos Excel. El widget necesario para poder llevar a cabo esta exportación se encuentra en la Figura 6.22.

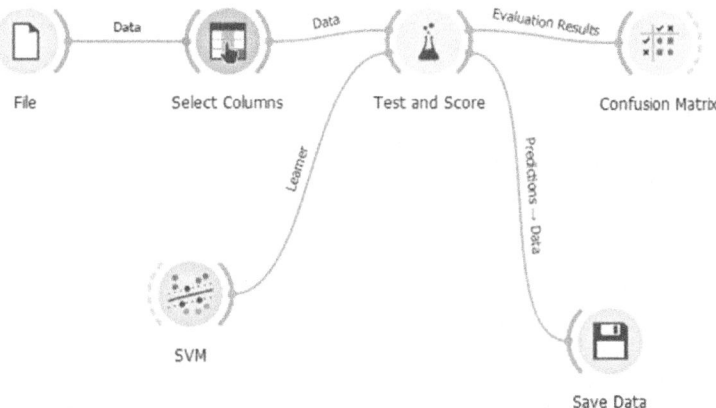

Figura 6.22 Canvas del ejemplo al que se le ha añadido el widget correspondiente a la exportación de resultados.

6.6. Modelos de árbol

El widget **Tree** de Orange puede emplearse tanto para clasificación como para regresión. El algoritmo de árbol separa los datos haciendo uso de nodos de forma que se consiga, o bien la mejor clasificación para problemas de este tipo, o bien el menor error cuadrático medio para los problemas de regresión.

Seguidamente, se presenta un ejemplo en el que se dispone de una base de datos relativa a las propiedades nutricionales de ciertas frutas y verduras. Se quiere crear un modelo que, a partir de dichas características, sea capaz de predecir si cierto alimento es una fruta o una verdura. En este ejercicio, lo que realmente interesa es determinar qué variables son las más importantes para clasificar si cierto alimento es una fruta o una verdura. Para ello, se parte de una base de datos disponible en formato Excel y cuyo nombre es **BD frutas.xlsx**. La Figura 6.23 muestra las primeras filas de dicho fichero con el fin de que el lector vea qué variables se van a utilizar en este problema.

	A	B	C	D	E	F	G	H	I	J	K
1	vitamina_A_porc	vitamina_C_porc	calcio_porc	hierro_porc	magnesio_porc	calorias	potasio_mg	proteinas_g	fibra_g	clasificacion	nombre
2	1	7	0	0	1	52	107	0,3	2,4	fruta	manzana
3	38	16	1	2	2	48	259	1,4	2	fruta	melocoton
4	2	16	1	3	7	160	485	2	7	fruta	aguacate
5	1	14	0	1	6	89	358	1,1	2,6	fruta	platano
6	0	8	1	1	5	43	325	1,6	2,8	verdura	remolacha
7	4	35	2	3	5	43	163	1,4	5	fruta	mora
8	1	16	0	1	1	57	77	0,7	2,4	fruta	arandano
9	12	148	4	3	5	34	316	2,8	2,6	verdura	brocoli
10	15	141	4	7	5	43	389	3,4	3,8	verdura	coles_bruselas
11	334	9	3	1	3	41	320	0,9	2,8	verdura	zanahoria
12	0	80	2	2	3	25	299	1,9	2	verdura	coliflor
13	8	5	4	1	2	16	260	0,7	1,6	verdura	apio
14	26	16	1	1	2	50	173	1	1,6	fruta	cherry
15	2	4	1	1	3	16	147	0,7	0,5	verdura	pepino
16	0	3	0	1	3	25	229	1	3	verdura	berenjena

Figura 6.23 BD frutas.xlsx.

Se empleará el widget **Tree** y se hará uso de **Classification Tree** para visualizar los resultados. El canvas resultante es el que se muestra en la Figura 6.24.

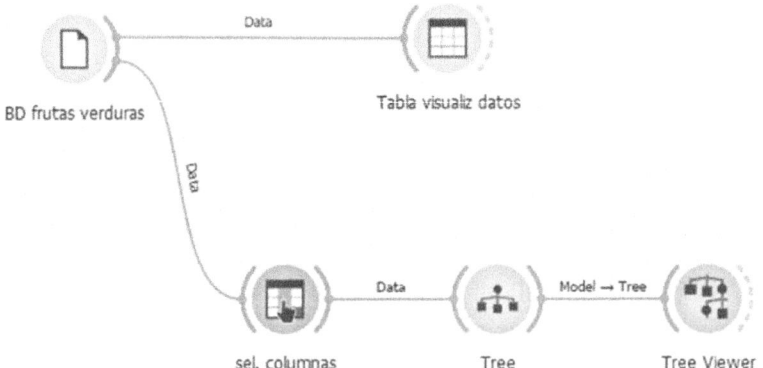

Figura 6.24 Canvas del presente problema.

Seguidamente, en la Figura 6.25 se presenta la base de datos que se emplea en el presente problema tal y como se muestra en la tabla de visualización de datos de Orange. Esta tabla permite acceder a información resumida del conjunto de datos, como el número de instancias o el número de variables, y, además, también proporciona algunas opciones básicas de personalización de la visualización de la información correspondiente a la base de datos.

La selección de la variable de salida del modelo, que en este caso será la denominada clasificación, se hace con el widget de selección de columnas, tal y como se muestra en la Figura 6.26. Una vez seleccionada la variable de salida, se crea el modelo de árbol con la ayuda del widget Tree. Dicho widget, junto con los valores introducidos en cada una de sus opciones, se muestra en la Figura 6.27.

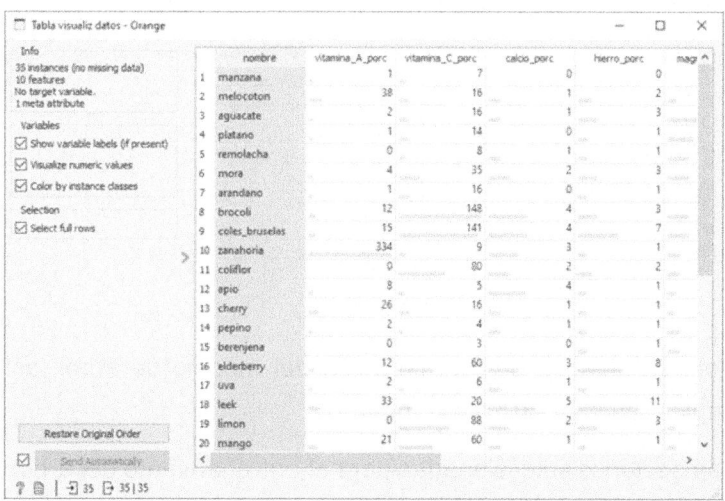

Figura 6.25 Base de datos del ejercicio mostrada en la tabla de visualización de datos.

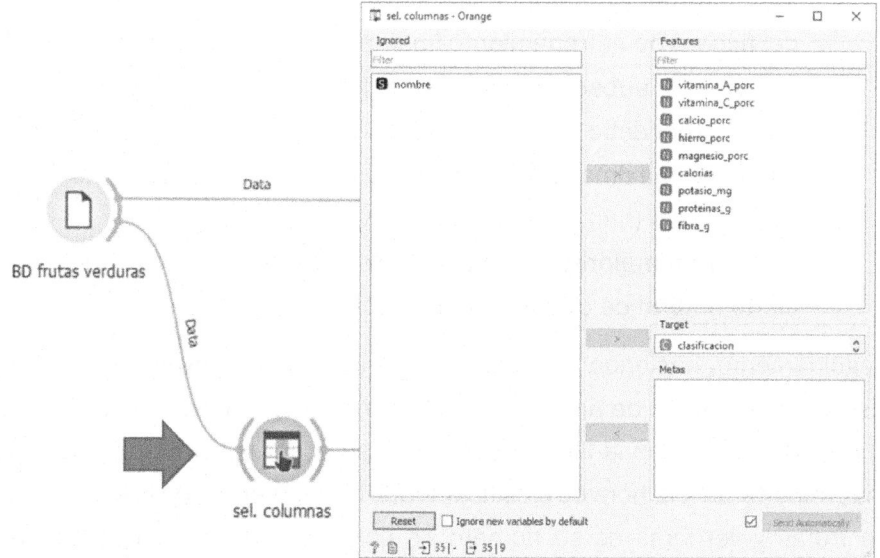

Figura 6.26 Selección de la variable de salida del modelo a través del widget de selección de columnas.

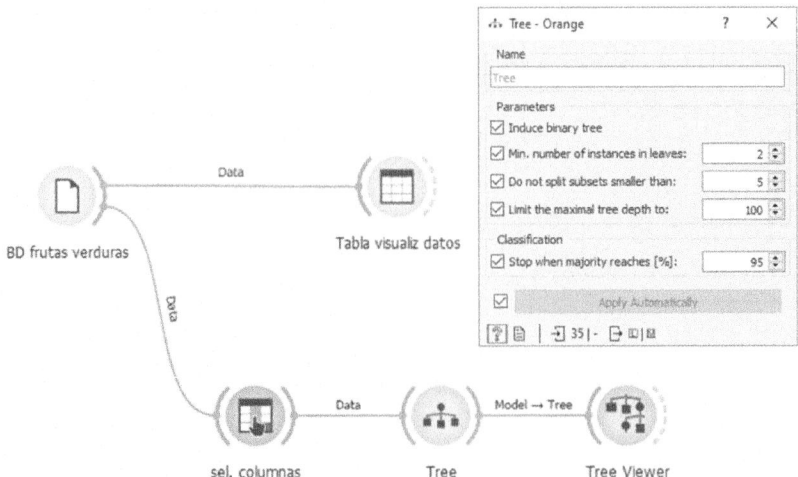

Figura 6.27 Widgets empleados para la creación del modelo de árbol, así como opciones empleadas para su entrenamiento.

En lo referente a las opciones seleccionadas para el entrenamiento del árbol, estas han sido las siguientes:

- **Induce binary tree:** Obliga a que de cada nodo solo salgan dos ramas.
- **Min. number of instances in leaves:** Fija el número mínimo de filas del fichero de entrenamiento (instancias) que habrá en cada nodo.
- **Do not split subsets smaller than:** Fija el número de instancias en el que el árbol debe dejar de dividirse.
- **Limit the maximal tree depth to:** Limita la profundidad del árbol de clasificación (número máximo de niveles de nodos).
- **Stop when majority reaches (%):** Deja de dividir el árbol si se alcanza cierto umbral de clasificación correcta.

Seguidamente, haciendo doble clic en el widget **Tree Viewer** resulta posible visualizar el modelo de árbol entrenado por el widget **Tree**. Dicho modelo es el que se muestra en la Figura 6.28. En él se observa cómo la característica más importante a la hora de clasificar todos los elementos de la base de datos en frutas y verduras es su número de calorías, seguido del contenido en vitamina A y en potasio. Por tanto, a la vista de estos resultados, lo más probable es que sean estos los factores decisivos para la predicción.

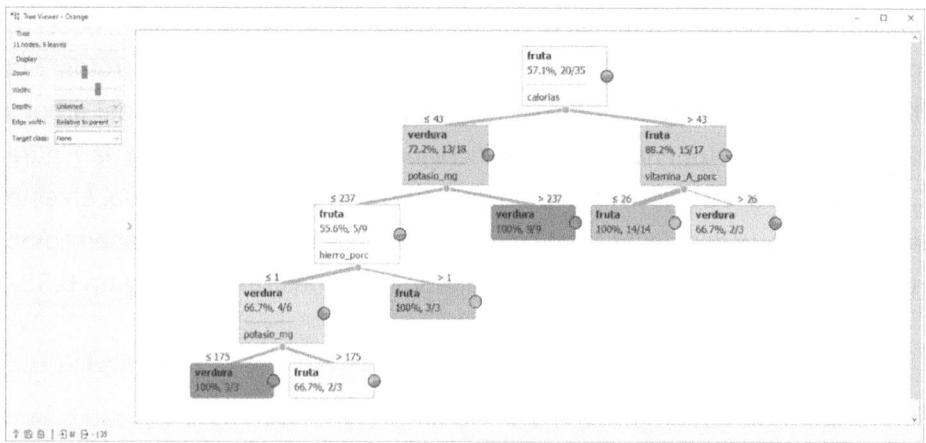

Figura 6.28 Árbol de clasificación entrenado en el presente ejercicio.

Se introduce ahora información proveniente de un nuevo fichero denominado **BD predecir.xlsx** con el fin de hacer nuestras propias predicciones haciendo uso del modelo ya entrenado. Nótese que para que el modelo pueda usar este fichero las variables deben tener exactamente los mismos nombres que en el fichero usado para el entrenamiento, con el fin de que el modelo lo pueda entender. Las primeras líneas de este fichero, abierto con Microsoft Excel, se muestran en la Figura 6.29.

	A	B	C	D	E	F	G	H	I
1	vitamina_A_porc	vitamina_C_porc	calcio_porc	hierro_porc	magnesio_porc	calorias	potasio_mg	proteinas_g	fibra_g
2	1	154	3	1	4	61	213	1,1	1
3	15	9	2	11	3	20	202	2,2	2,1
4	0	43	2	3	5	53	151	1,1	7

Figura 6.29 Contenido del fichero BD predecir.xlsx.

Una vez que se carga la base de datos, haciendo uso del widget **Predictions** resulta posible conectar el nuevo fichero de datos con el widget **Tree** que contiene al modelo entrenado. Así, la Figura 6.30 muestra nuevamente el canvas del ejercicio al que se le ha incorporado la carga de una nueva base de datos de la que se predecirá si cada elemento de esta es una fruta o una verdura.

Teniendo en cuenta los resultados mostrados en la Figura 6.31, se observa cómo este modelo ha clasificado las tres nuevas instancias como frutas. Sin embargo, resulta posible modificar los valores de los parámetros del árbol y conseguir, por tanto, una nueva clasificación de las instancias. Así, la Figura 6.32 muestra unos valores distintos de los parámetros del árbol que, en este caso, harían que dos de las instancias del nuevo fichero se clasificasen como frutas y una como verduras. Estos resultados se muestran en la Figura 6.33.

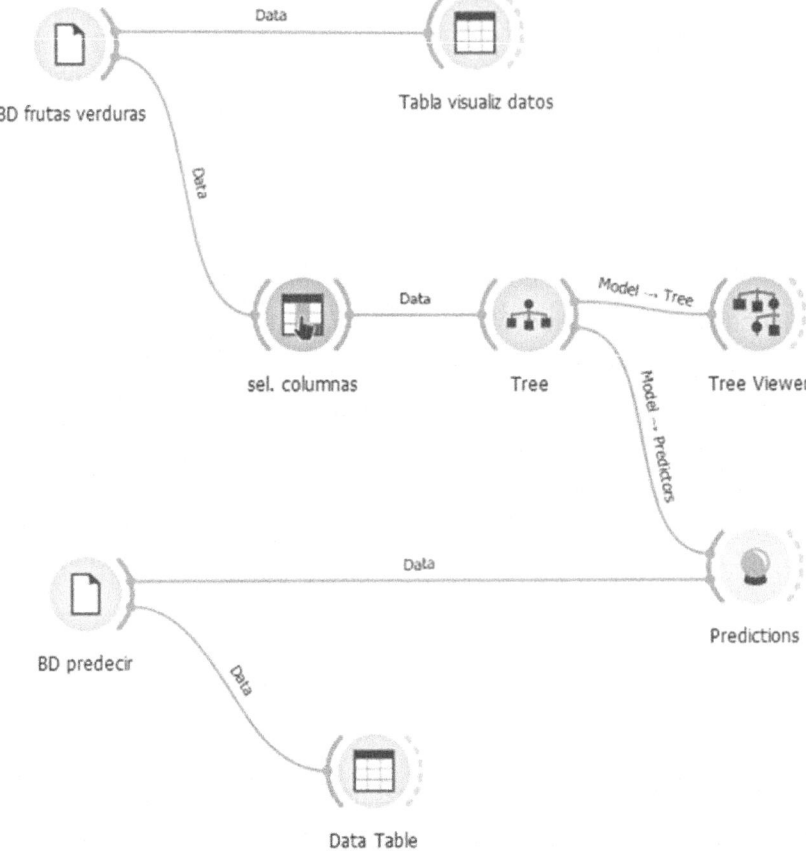

Figura 6.30 Canvas del ejercicio al que se le ha incorporado la carga de una nueva base de datos de la que se predecirá si cada elemento de la misma es una fruta o una verdura.

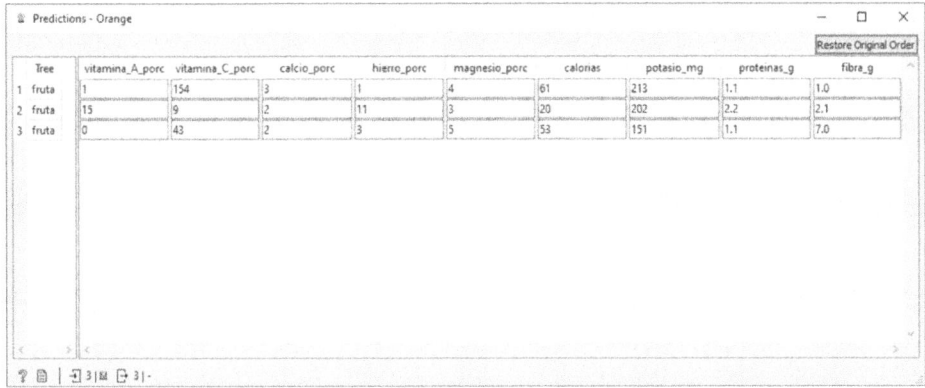

Tree	vitamina_A_porc	vitamina_C_porc	calcio_porc	hierro_porc	magnesio_porc	calorías	potasio_mg	proteinas_g	fibra_g
1 fruta	1	154	3	1	4	61	213	1.1	1.0
2 fruta	15	9	2	11	3	20	202	2.2	2.1
3 fruta	0	43	2	3	5	53	151	1.1	7.0

Figura 6.31 Resultados obtenidos de la clasificación de las tres nuevas instancias por parte del modelo de árbol de clasificación.

Tree - Orange ? ✕

Name

Tree

Parameters

☑ Induce binary tree

☑ Min. number of instances in leaves: [10] ⬍

☑ Do not split subsets smaller than: [5] ⬍

☑ Limit the maximal tree depth to: [100] ⬍

Classification

☑ Stop when majority reaches [%]: [95] ⬍

☑ Apply Automatically

Figura 6.32 Nuevos valores de los parámetros del widget Tree.

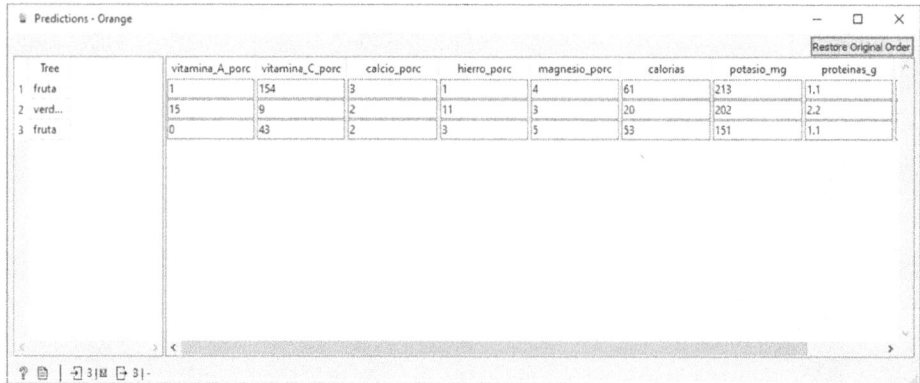

Tree	vitamina_A_porc	vitamina_C_porc	calcio_porc	hierro_porc	magnesio_porc	calorias	potasio_mg	proteinas_g
1 fruta	1	154	3	1	4	61	213	1.1
2 verd...	15	9	2	11	3	20	202	2.2
3 fruta	0	43	2	3	5	53	151	1.1

Figura 6.33 Resultados obtenidos de la clasificación de las tres nuevas instancias por parte del modelo de árbol de clasificación tras el cambio de los parámetros.

CAPÍTULO 7
MÉTODOS COMBINADOS (ENSEMBLE)

7.1. Introducción

En estadística y aprendizaje automático, los métodos combinados, conocidos en inglés como *ensemble*, se caracterizan por hacer uso simultáneo de un conjunto de métodos con el objetivo de conseguir un mejor aprendizaje. Es decir, se trata de combinar métodos con el fin de que dicha combinación mejore el rendimiento individual que se obtendría haciendo uso únicamente de uno de ellos.

En general, se puede afirmar que los métodos combinados obtienen sus mejores resultados cuando los modelos de machine learning que se combinan entre sí son muy diferentes. Además, en un modelo combinado se pueden emplear modelos que o bien hayan usado para su entrenamiento distintos conjuntos de datos, o bien hayan sido entrenados todos sobre el mismo conjunto.

7.2. Métodos combinados. Un ejemplo que hace uso de la regresión logística y otros modelos

Con el fin de que el lector obtenga una visión más precisa de en qué consisten los métodos combinados, se presenta un ejemplo. En este primer ejemplo se hará uso de la base de datos **Iris**, en la que la variable de salida será la variable categórica **Especie**.

En primer lugar, se escoge como modelo predictivo la regresión logística, y se evaluarán los resultados que se pueden obtener haciendo uso del modelo mencionado. Además, también se entrenará tanto un modelo de árbol como un SVM. Hasta el momento no se había trabajado con la regresión logística. Se trata de una variedad de modelo de regresión con capacidades de clasificación.

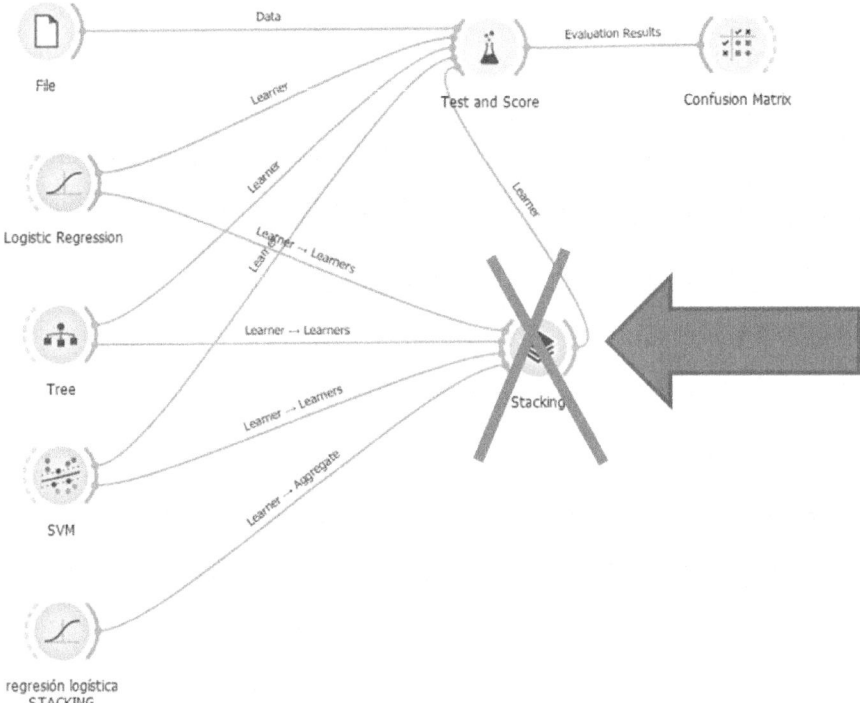

Figura 7.1 Canvas con los modelos que se emplearán en el presente ejercicio.

Primero, se construye sobre el canvas de Orange un esquema de widgets como el de la Figura 7.1. Estos constituyen el punto de partida para el entrenamiento y validación de los modelos objeto de estudio. En una primera versión del canvas no se pondrá el widget de Stacking con el fin de obtener de forma independiente el rendimiento de cada uno de los modelos.

En lo relativo a la regresión logística, el widget de Orange permite el acceso a las opciones que se muestran en la Figura 7.2. Dicho widget permite hacer uso de regresiones **Ridge** y **LASSO**. La *ridge regression* se emplea en el caso de variables altamente correlacionadas, pues evita el fenómeno de la multicolinearidad, mientras que la regresión LASSO (Least Absolute Shrinkage and Selection Operator) es un método de regresión que realiza la selección de las variables y la regularización para mejorar la exactitud e interpretabilidad del modelo producido. Se trata, por tanto, de un método robusto a espurios.

Figura 7.2 Opciones del widget de regresión logística.

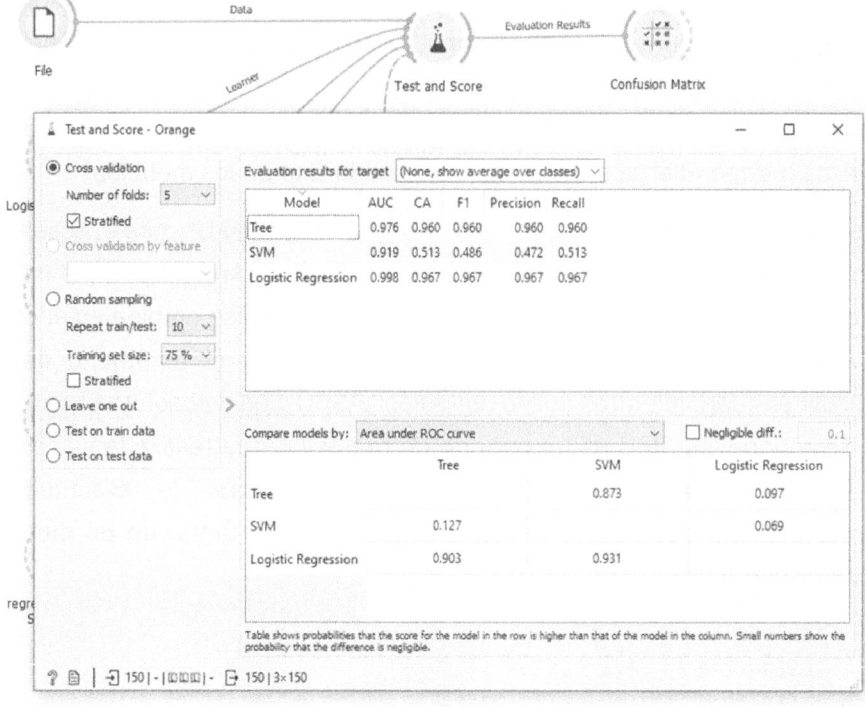

Figura 7.3 Rendimiento de los modelos de árbol, SVM y regresión logística.

Si en el canvas creado sin la presencia del widget de Stacking se pulsa sobre **Test and Score**, se observa el rendimiento de cada uno de los modelos. Dicho rendimiento se recoge en la Figura 7.3. En este caso, se ha hecho uso de validación cruzada con un número de subconjuntos igual a 5 y estratificación. Con esta configuración, el modelo con el mejor valor de área bajo la curva ROC es la regresión logística, seguida del árbol de clasificación y, finalmente, del SVM. En lo referente a los parámetros de especificidad y sensibilidad, denominados *precision* y *recall*, también es el modelo SVM el que obtiene los peores resultados, con unos valores sorprendentemente bajos. Además, en este widget también resulta posible la comparación de los modelos. En la Figura 7.3 se muestra la comparación de las áreas bajo la curva ROC. Esta tabla muestra la probabilidad de que la puntuación del modelo indicado en la fila sea superior a la del modelo indicado en la columna. Valores pequeños indican una probabilidad insignificante de encontrar diferencias entre ambos modelos. También se puede añadir un widget de matriz de confusión en el que resulta posible conmutar de un modelo a otro y ver así las matrices de confusión correspondientes a cada uno de estos modelos. A modo de ejemplo, en la Figura 7.4 se muestra la matriz de confusión correspondiente al modelo de regresión logística.

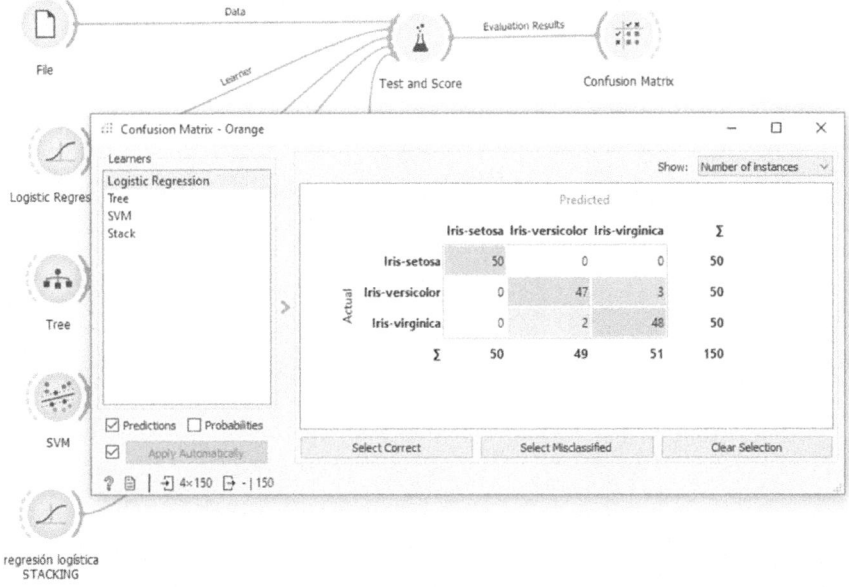

Figura 7.4 Matriz de confusión del modelo de regresión logística.

Seguidamente, se procede a combinar todos los métodos en uno solo y ver qué resultado de predicción nos aportan. Para ello se hará uso del widget **Stacking** con la opción **Learner to learner**. El canvas resultante es el que se muestra en la Figura 7.5. Por tanto, se conectan todos los modelos a este widget. Al hacer la unión es necesario asegurarse de que las líneas que los unen sean de la forma **learner** ⟶ **learners**. Además, para conseguir la agregación de los modelos se hace uso de otro widget de regresión logística. Nótese que, en este caso, en las flechas la relación debe ser **learner** ⟶ **aggregate** y, después, el widget de **Stacking** se debe conectar también con el de **Test and Score**. Se obtiene de esta manera un nuevo modelo llamado **Stack**.

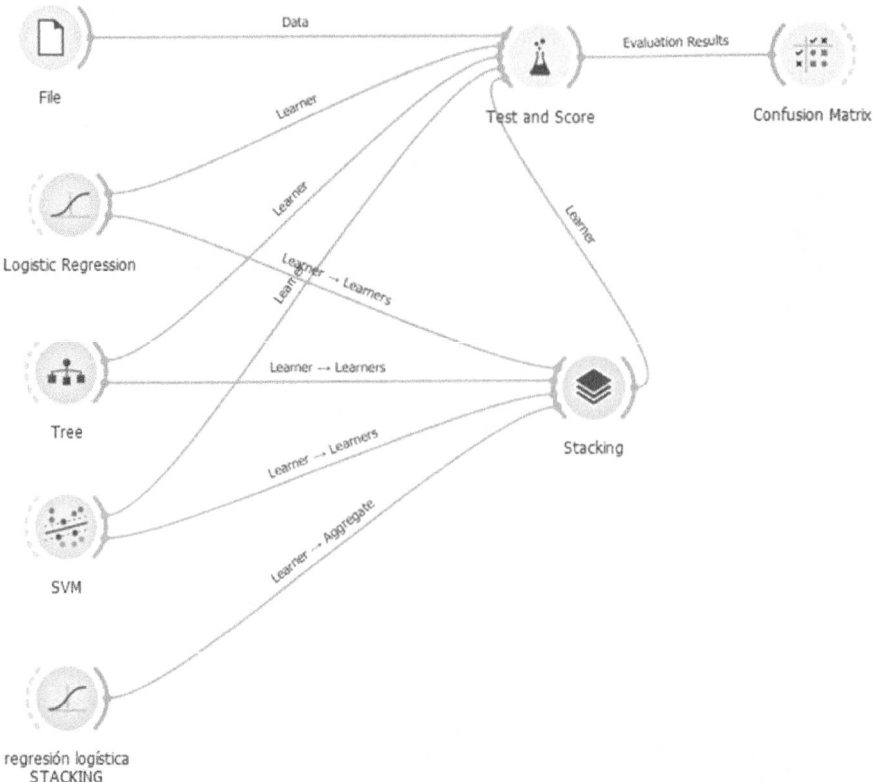

Figura 7.5 Canvas con el widget de Stacking y el de regresión logística para Stacking.

Nótese que a través de **Stacking** se combinan múltiples modelos. Si se trata de agregar modelos de clasificación, se usa la regresión logística, mientras que si lo que se agregan son modelos de regresión, se hará uso de la *ridge regression*. Así, en el canvas de la Figura 7.5 se hace uso de los modelos individuales y también de los modelos combinados de forma simultánea. El widget **Test and Score** que se muestra en la Figura 7.6 presenta el rendimiento de cada modelo individualmente, así como el del modelo combinado. En lo que se refiere al área bajo la curva ROC, el mejor resultado promedio de clasificación de las tres especies de flor es el que ofrece el modelo de regresión logística, que es incluso ligeramente superior al modelo combinado: el primero tiene un valor de 0.998 y el segundo, de 0.997. En lo referente a la especificidad y sensibilidad (*precision* y *recall*), ambos modelos presentan los mismos valores, ligeramente superiores a los del modelo de árbol y muy superiores a los del modelo SVM. Nótese que este widget, además de presentar el resultado global en promedio de cada modelo, puede, a través de la selección del menú desplegable, mostrar el rendimiento de clasificación para cada una de las categorías.

7.3. Gradient boosting

El gradient boosting es una metodología de machine learning que es válida tanto para problemas de clasificación como de regresión. Esta técnica arroja como resultado un modelo predictivo en forma de una combinación de modelos de predicción débiles, normalmente árboles de decisión. Un modelo de predicción débil es aquel cuya predicción está por encima del azar pero, sin embargo, no predice demasiado bien. En general, se trata de modelos computacionalmente simples.

Dentro del widget de gradient boosting se dispone de cuatro métodos diferentes programados en distintos paquetes:

- **Gradient boosting (scikit-learn).** Crea un modelo aditivo hacia adelante (añadiendo variables). Hace uso de árboles de regresión.
- **Extreme gradient boosting (xgboost).** Se trata de una librería optimizada diseñada con el fin de ser altamente eficiente. Se aprovecha de ciertas capacidades de paralelización (más rapidez) para la resolución de un problema.
- **Extreme gradient boosting random forest (xgboost).** Similar en sus características técnicas al Extreme gradient boosting, hace uso de modelos de tipo random forest. Los modelos random forest, también conocidos en castellano como bosques aleatorios, son un algoritmo de aprendizaje supervisado que construye múltiples árboles de decisión durante el entrenamiento, utilizando muestras aleatorias del conjunto de datos y una selección aleatoria de características. Luego, combina las predicciones de estos árboles mediante votación para

realizar una predicción final. Esta técnica ayuda a reducir la varianza, prevenir el sobreajuste y mejorar el rendimiento en una variedad de problemas de clasificación y regresión.

- **Gradient Boosting (catboost).** Otra implementación del mismo método (gradient boosting) pero en otra librería, concretamente la catboost.

7.3.1. Preprocesado

A no ser que se le indique otra cosa, el widget de gradient boosting hace uso del método de preprocesamiento por defecto, el cual tiene el siguiente orden:

- Se eliminan aquellas filas en las que el valor de la variable objetivo sea desconocido.
- Las variables categóricas se convierten en continuas.
- Se eliminan las columnas vacías en caso de existir.
- Se imputan los valores faltantes haciendo uso de medias.

A continuación, se crea un canvas en el que se introducen los widgets que se presentan debajo y se selecciona la base de datos Iris.

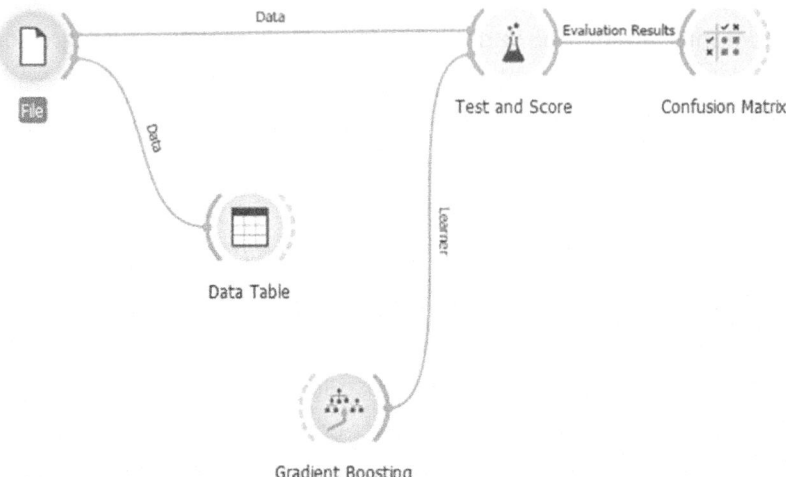

Figura 7.6 Canvas del ejemplo de gradient boosting.

La Figura 7.7 presenta el widget de gradient boosting. Tal y como se ha indicado con anterioridad, dentro del mismo es posible seleccionar cuatro métodos. En el caso del presente ejemplo, se ha optado por Gradient boosting (scikit-learn), dejando los valores de todos los parámetros según se muestran en la figura mencionada.

Figura 7.7 Widget de gradient boosting con las opciones correspondientes al método Gradient boosting (scikit-learn).

7.3.2. Gradient boosting (scikit-learn)

Vamos a describir los parámetros que se pueden modificar en el widget para cada uno de los métodos disponibles. Seguidamente, se describe el significado de cada una de las opciones del widget de gradient boosting para el método Gradient boosting (scikit-learn), el cual se muestra en la Figura 7.7:

- **Number of trees:** Especifica cuántos árboles se incluirán. Normalmente se obtienen mejores resultados cuando se hace uso de un número elevado de árboles.

- **Learning rate (tasa de aprendizaje):** Especifica el valor de la tasa de aprendizaje. La tasa de aprendizaje reduce la contribución de cada árbol individual.

- **Replicable training:** Fija la semilla aleatoria que se empleará con el fin de que los resultados sean reproducibles.

- **Limit depth of individual trees:** Especifica la profundidad máxima de divisiones (niveles de nodos) a la que puede llegar cada árbol.

- **Do not split subsets smaller than:** Especifica el subconjunto más pequeño al que se puede llegar. Solo se puede emplear en los métodos propios de la librería **scikit-learn**.

- **Fraction of training instances:** Especifica el porcentaje de las instancias de entrenamiento que se emplearán para ajustar los árboles individuales. Está opción se encuentra disponible en los métodos **scikit-learn** y **xgboost**.

7.3.3. Extreme gradient Boosting (xgboost)

La Figura 7.8 muestra el widget de gradient boosting con las opciones correspondientes al método Extreme gradient boosting (xgboost). Algunas de las opciones que ofrece este método, concretamente **number of trees**, **learning rate, replicable training, limit depth of individual trees** y **fraction of training instances**, ya fueron descritas en el apartado anterior.

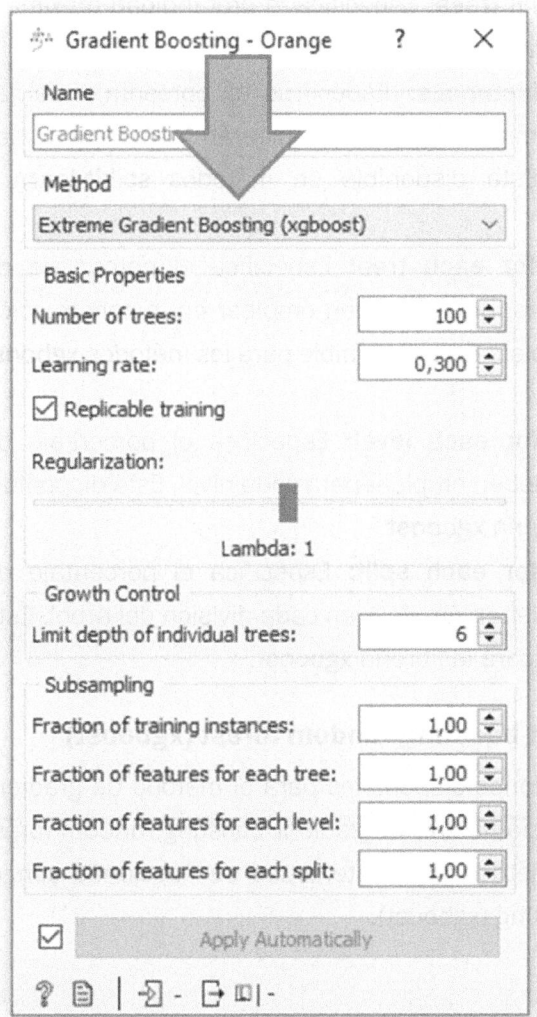

Figura 7.8 Widget de gradient boosting con las opciones correspondientes al método Extreme gradient boosting (xgboost).

A continuación, se describen las opciones correspondientes a este método y que no habían sido ya descritas en el apartado anterior.

- **Regularization:** Especifica el valor del parámetro L2 de regularización. Se emplea solo en los métodos **xgboost** y **catboost**.

- **Limit depth of individual trees:** Especifica la profundidad máxima a la que puede llegar cada árbol.
- **Fraction of training instances:** Especifica el porcentaje de las instancias de entrenamiento que se emplearán para ajustar los árboles individuales. Está disponible en métodos **scikit-learn** y **xgboost**.
- **Fraction of features for each tree:** Especifica el porcentaje de características (variables) que se deben emplear en la construcción de cada uno de los árboles. Está disponible para los métodos **xgboost** y **catboost**.
- **Fraction of features for each level:** Especifica el porcentaje de características que se deben emplear para cada nivel. Está disponible únicamente para la librería **xgboost**.
- **Fraction of features for each split:** Especifica el porcentaje de características que se deben emplear en cada división del árbol. Está disponible únicamente para la librería **xgboost**.

7.3.4.   Extreme gradient boosting random forest (xgboost)

La Figura 7.9 muestra las opciones disponibles para el método de gradient boosting cuando se usa la función Extreme gradient boosting random forest de la librería xgboost. Este método comparte todas sus opciones con el método Extreme gradient boosting (xgboost).

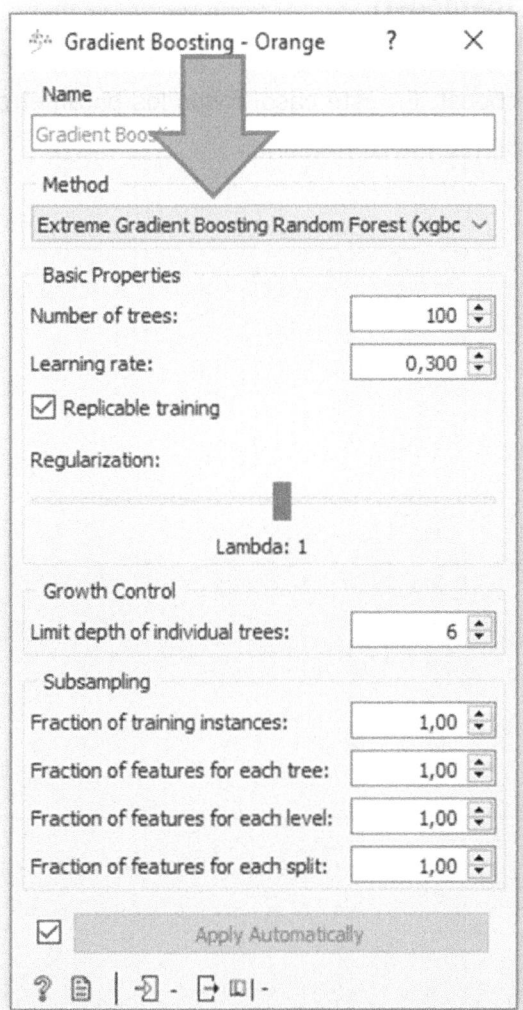

Figura 7.9 Widget de gradient boosting con las opciones correspondientes al método Extreme gradient boosting random forest (xgboost).

7.3.5. Gradient boosting (catboost)

La Figura 7.10 muestra las opciones del método gradient boosting correspondientes a la librería catboost. En este caso, todos los parámetros ajustables ya han sido descritos en métodos anteriores.

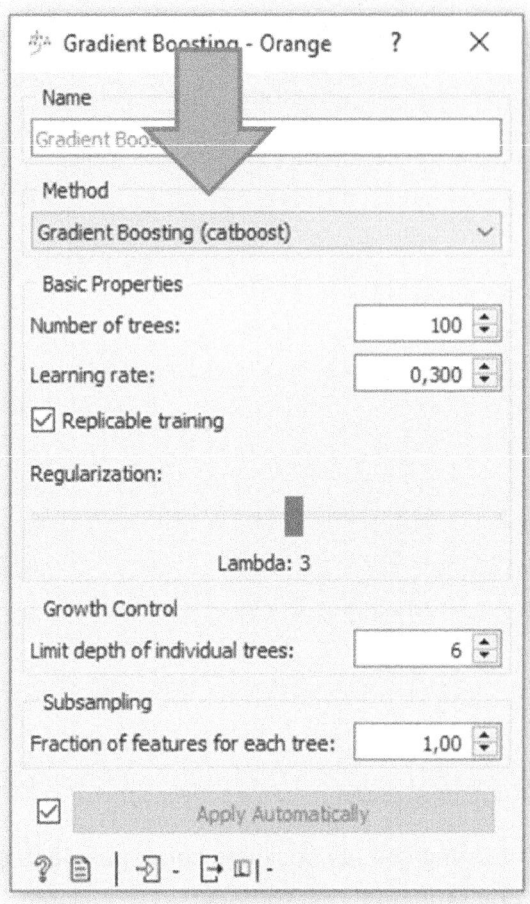

Figura 7.10 Widget de gradient boosting con las opciones correspondientes al método Extreme gradient boosting (catboost).

Number of trees: Especifica cuántos árboles se incluirán. Normalmente se obtienen mejores resultados cuando se hace uso de un número elevado de árboles.

Learning rate (tasa de aprendizaje): Especifica el valor de la tasa de aprendizaje. La tasa de aprendizaje reduce la contribución de cada árbol individual.

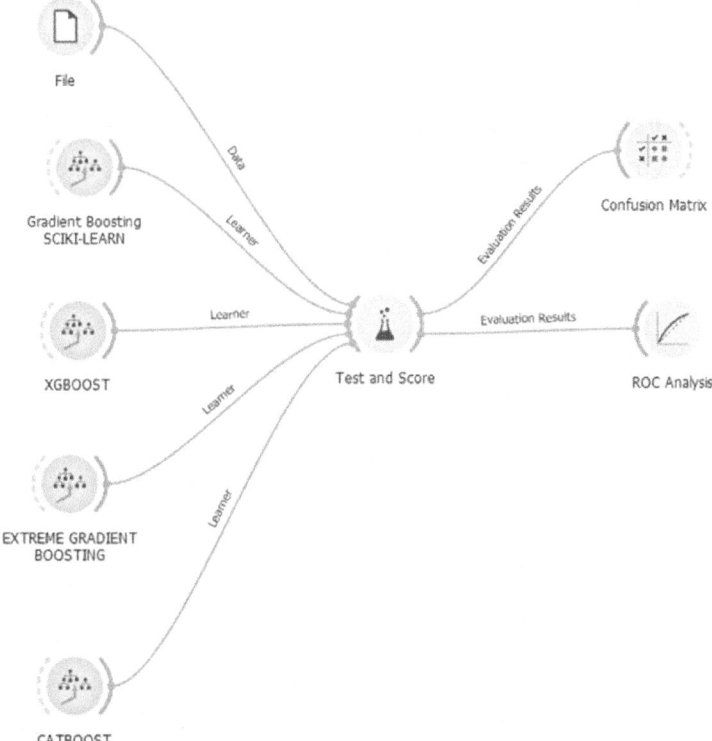

Figura 7.11 Canvas creado para la comparación de los distintos métodos de gradient boosting.

Con el fin de poder comparar los distintos métodos de gradient boosting, se crea un canvas en el que dicho widget se introduce cuatro veces, haciendo uso en cada una de ellas de un método distinto. Se selecciona como base de datos para este ejercicio la ya conocida Iris. Además, por medio del widget **Test and Score** se comparará el rendimiento de estos modelos. También se emplearán los widgets **Confusion Matrix** y **ROC Analysis,** tal y como se puede ver en la Figura 7.11. Nótese que en este ejercicio se han dejado en sus valores por defecto los parámetros de los cuatro métodos de gradient boosting.

La Figura 7.12 muestra los resultados de los cuatro modelos de gradient boosting. Tal y como se puede observar, el rendimiento de los distintos modelos es muy similar, con valores de área bajo la curva ROC comprendidos entre 0.979 y 0.996. De igual manera, también resultan muy similares de un modelo a otro los valores de especificidad y sensibilidad. Asimismo, también se pueden comparar las matrices de confusión que se obtienen con cada uno de los modelos. Véase al respecto la Figura 7.13. Finalmente, cabe señalar que se dispone de un widget con el que es posible representar curvas ROC. Dicho widget se presenta en la Figura 7.14.

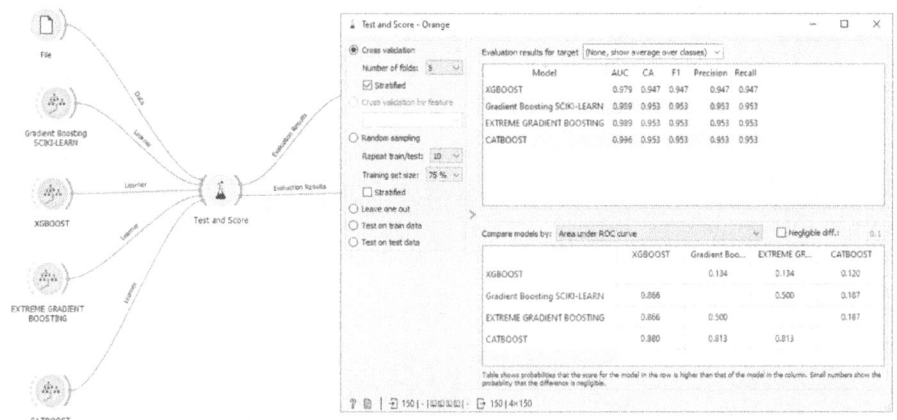

Figura 7.12 Comparación de los resultados obtenidos en los cuatro modelos de gradient boosting.

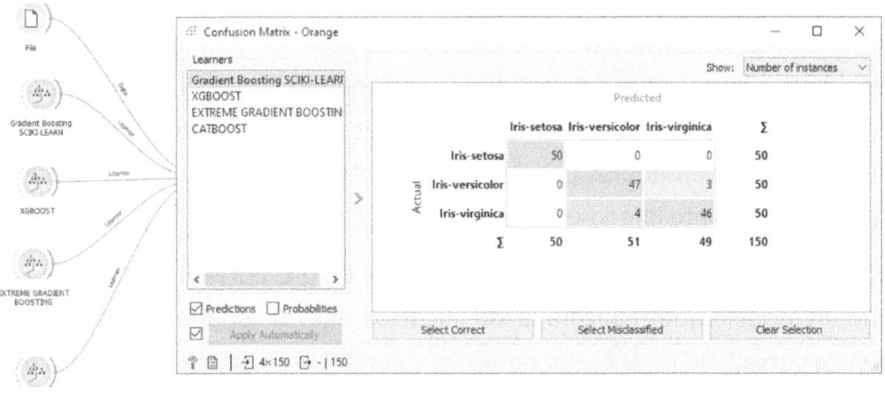

Figura 7.13 Matriz de confusión de los modelos gradient boosting objeto de estudio.

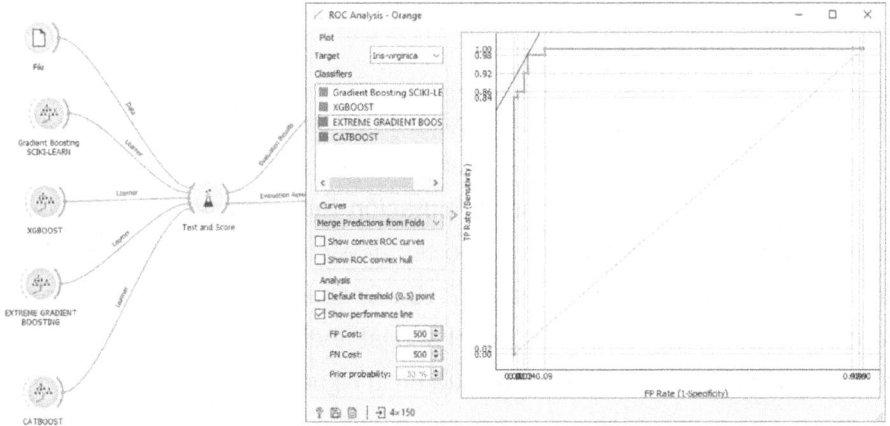

Figura 7.14 Área bajo la curva ROC de los modelos gradient boosting objeto de estudio.

Tal y como ya se ha explicado, la curva ROC es una herramienta de evaluación de modelos de clasificación que representa la relación entre la tasa de verdaderos positivos (sensibilidad) y la tasa de falsos positivos (1 - especificidad) para diferentes valores de umbral de clasificación. Por tanto, la curva ROC se crea trazando una línea que conecta los puntos en un gráfico bidimensional donde el eje Y representa la tasa de verdaderos positivos y el eje X representa la tasa de falsos positivos para diferentes valores de umbral de clasificación. En la curva que se muestra en la Figura 7.14, la tasa de verdaderos positivos aumenta rápidamente, mientras que la tasa de falsos positivos permanece baja. Es por este motivo que el valor del área que se obtiene es cercano a uno, mientras que en una curva ROC menos ideal, la tasa de falsos positivos aumenta más rápido que la tasa de verdaderos positivos y, por tanto, se obtendrían valores del área considerablemente inferiores.

Un modelo perfecto tendría un valor del área bajo la curva ROC de 1, mientras que un modelo que realizara la clasificación al azar tendría un valor del área bajo la curva ROC de 0.5. Por tanto, un valor del área bajo la curva ROC mayor de 0.5 indica que el modelo tiene un mejor rendimiento que el azar. En general, un valor del área bajo la curva ROC de entre 0.7 y 0.8 se considera aceptable, un valor de dicha área de entre 0.8 y 0.9 se considera bueno y un valor por encima de 0.9 se considera excelente.

7.3.6. Ejercicio completo

En este ejercicio se explora un conjunto de datos con Orange. En primer lugar, se carga dicho conjunto, en el que falta una parte de información. Concretamente, se cargará un fichero denominado **imputación faltantes.csv**. Nótese que para poder cargar información de un fichero csv se escoge el widget **CSV File Import** de la sección **Data** (véase la Figura 7.15). Después se procede a explorar su contenido. Haciendo doble clic en el widget indicado, se puede explorar el conjunto de datos tal y como se muestra en la Figura 7.16.

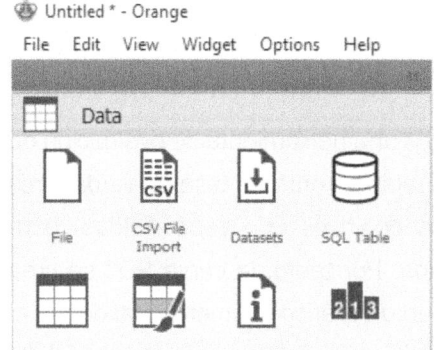

Figura 7.15 Carga de datos en un archivo .csv con Orange.

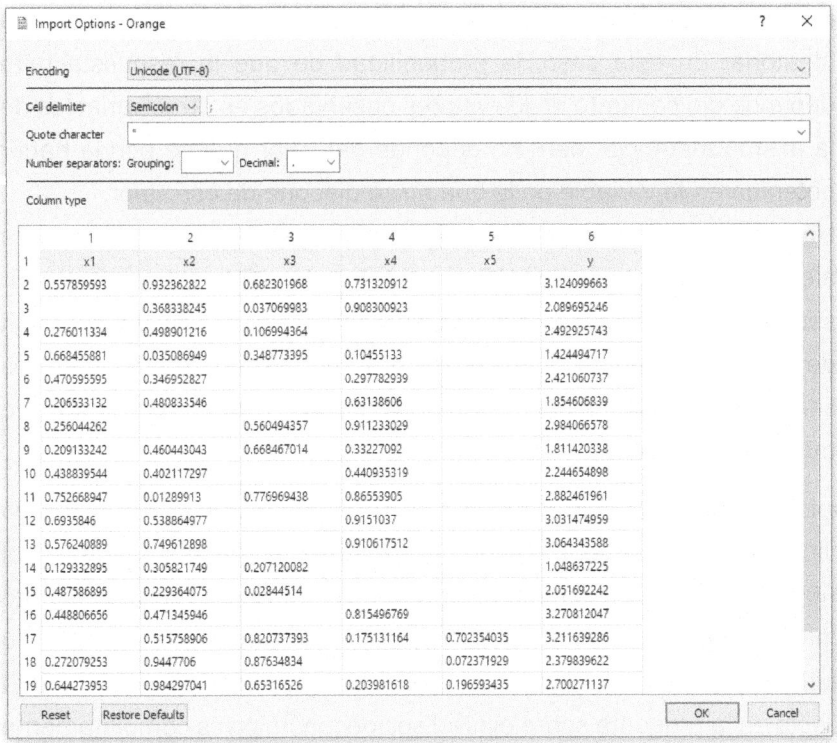

Figura 7.16 Exploración de datos con Orange.

7.4. Sobre los tipos de datos faltantes

Los datos faltantes, también conocidos como valores perdidos, son aquellos valores que faltan en una matriz o conjunto de datos. En otras palabras, son los valores que se esperan pero que no están presentes en los datos observados. Los datos faltantes se pueden clasificar en las siguientes categorías:

- **Missing completely at random (MCAR):** Se trata de datos faltantes cuya generación es completamente aleatoria. Es decir, la probabilidad de que falte un valor de cierta variable no está relacionada ni con el valor específico que toma dicha variable ni con el conjunto de respuestas observadas en otras variables de esa misma instancia.

- **Missing at random (MAR):** Se trata de datos faltantes de manera aleatoria. En este caso, la probabilidad de que la respuesta falte depende del conjunto de los valores observados en otras variables de la misma instancia, pero no depende del valor que se podría haber obtenido en la variable en la que no se dispone de ese valor.
- **Not missing at random (NMAR):** Valores no faltantes de manera aleatoria. A diferencia de MAR, cuando la probabilidad de que un valor sea faltante está relacionada con los valores específicos que deberían de haberse obtenido, además de con los valores obtenidos en las variables que se conocen, se considera como dato no faltante de manera aleatoria.

Un ejemplo de datos MCAR podría ser el siguiente. Supongamos que se realizó un estudio sobre el rendimiento académico de un grupo de estudiantes en el que se midió la nota en un examen de matemáticas y también se les preguntó por el nivel socioeconómico de sus familias. Algunos estudiantes no proporcionaron esta información simplemente porque se les olvidó. Si la falta de respuesta en la pregunta sobre el nivel socioeconómico es completamente aleatoria y no está relacionada con ninguna otra variable, entonces se considera que los datos faltantes están en la categoría MCAR. En este caso, los datos faltantes son MCAR porque la falta de respuesta a la pregunta sobre el nivel socioeconómico no está relacionada con el rendimiento académico de los estudiantes ni con ninguna otra variable del estudio. La falta de respuesta es completamente aleatoria, dado que fue simplemente porque se olvidaron de responder a esa pregunta.

Un ejemplo de datos MAR podría ser el siguiente. Se realizó un estudio sobre la relación entre el género y la tasa de mortalidad en una determinada población, en el que se midió la edad y el sexo de los participantes y también se recopiló información sobre su estado de salud. Sin embargo, algunos participantes no proporcionaron información sobre su estado de salud. Si la falta de respuesta en la variable de estado de salud está relacionada con la edad de los participantes, pero no con su género, entonces se considera que los datos faltantes están en la categoría MAR. En este caso, los datos faltantes son MAR porque la falta de respuesta a la variable de estado de salud está relacionada con la edad de los participantes, pero no con su género. Es decir, la probabilidad de que falten datos sobre el estado de salud es diferente para diferentes grupos de edad, pero no se debe a que los participantes tengan una enfermedad en particular. Por ejemplo, es posible que los participantes más jóvenes sean menos propensos a proporcionar información sobre su estado de salud debido a que se consideran más saludables y menos preocupados por su salud en general.

Finalmente, un ejemplo de datos NMAR es el siguiente. Supongamos que se realizó un estudio sobre el uso de drogas en una población determinada, en el que se midió la edad, el género y el nivel de ingresos de los participantes y también se recopiló información sobre su consumo de drogas. Sin embargo, algunos participantes que consumen drogas no proporcionaron información sobre la cantidad y el tipo de drogas que consumen. Si la falta de respuesta en la variable de consumo de drogas está relacionada con la cantidad y el tipo de drogas consumidas por los participantes, entonces se considera que los datos faltantes están en la categoría NMAR. En este caso, los datos faltantes son NMAR porque la falta de respuesta a la variable de consumo de drogas está relacionada con la cantidad y el tipo de drogas consumidas por los participantes. Es decir, los participantes que consumen mayores cantidades de drogas o que consumen drogas más peligrosas pueden ser menos propensos a proporcionar información sobre su consumo, lo que podría llevar a subestimar la verdadera prevalencia y los riesgos asociados con el consumo de drogas en la población.

La imputación de datos faltantes, conocida en inglés como *missing data imputation*, se refiere al proceso de estimar los valores faltantes en los datos observados utilizando información de los datos disponibles. Se trata de un proceso importante en el análisis de datos.

Es importante tener en cuenta que la imputación de datos faltantes no es una tarea trivial y puede tener un impacto significativo en los resultados del análisis de datos. Por lo tanto, es importante considerar cuidadosamente el tipo y la cantidad de datos faltantes antes de aplicar técnicas de imputación, así como evaluar el impacto de la imputación en los resultados del análisis de datos.

7.5. Aplicación de metodologías de imputación

En caso de que no se eliminen las instancias con datos faltantes, estos se pueden imputar o, si no, se puede hacer uso únicamente de técnicas que sean capaces de trabajar con datos faltantes. Esto es común en las metodologías basadas en árboles.

La imputación de datos faltantes puede considerarse como una fase más del proceso de modelización matemática. A la hora de realizar la imputación, de lo que se trata es de conocer el valor de aquella información que no se conoce a partir de la base de datos disponible. Nótese que el hacer uso de técnicas de imputación añade una cierta incertidumbre a los resultados de las etapas posteriores.

En este ejercicio se realiza una revisión de las diferentes técnicas de imputación que permite Orange, de cara a solventar un problema de datos faltantes. Para ello, cargamos al canvas los widgets **Lectura de datos desde fichero CSV**, **Visualización tabla de datos** e **Imputación datos faltantes** y los conectamos como está representado en la Figura 7.17.

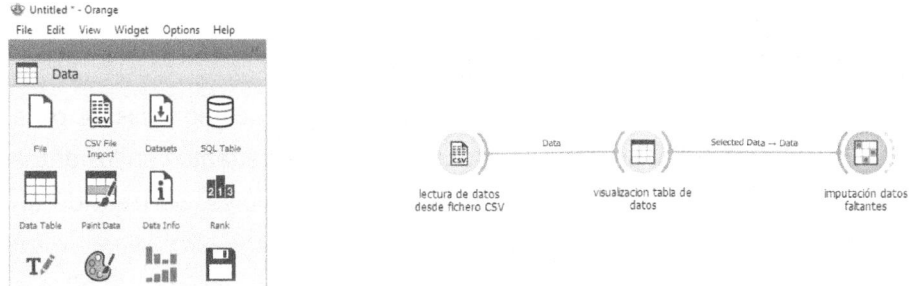

Figura 7.17 Imputación de datos faltantes con Orange.

Como podemos ver, si hacemos doble clic en el widget **Imputación datos faltantes**, Orange nos permite las siguientes opciones:

- **Don't impute:** No hace nada con los datos faltantes.
- **Average/Most-frequent:** Hace uso de la media en las variables continuas o de la moda en las variables categóricas.
- **As a distinct value:** Crea nuevos valores que reemplazan a los faltantes.
- **Model-based imputer (simple tree):** Construye un modelo para la predicción de los valores faltantes basado en los valores de otros atributos. El modelo por defecto toma el valor faltante del vector más parecido que haya en el conjunto de datos.
- **Random values:** Calcula la distribución de los valores de cada atributo y los imputa eligiendo valores de manera aleatoria en la distribución.
- **Remove examples with missing values:** Elimina las muestras que contienen valores faltantes.

Se puede definir un tratamiento específico de los datos faltantes para cada una de las variables.

También es posible indicar un valor concreto que deba ser el que se impute a los datos que faltan.

Si está marcado el tick de **Apply Automatic,** los cambios que se introduzcan se aplicarán de forma automática, mientras que en caso de no serlo hay que pulsar el botón.

7.6. Escalado de las variables

La transformación de datos más sencilla y común consiste en centrar la escala de predicción de la variable. Para centrar una variable predictora, se le resta a cada valor el promedio de la variable. Como resultado del centrado, la variable pasa a tener un promedio igual a cero.

De forma similar, para escalar los datos, cada valor se divide por la desviación estándar de la variable. El escalado de los datos conlleva que estos tengan un valor de desviación estándar igual a 1. Este tipo de transformaciones se emplean para mejorar la estabilidad numérica de algunos modelos matemáticos.

Otro tipo de transformación que se emplea con gran frecuencia consiste en hacer un cambio de escala de la variable, de manera que todos los valores de esta se encuentren en el intervalo [0, 1].

En este ejercicio vamos a revisar las diferentes opciones de normalización de datos que permite Orange. En primer lugar, se diseña un flujo de trabajo como el que se muestra en la Figura 7.18. Por tanto, se deben cargar al canvas los widgets **File**, **Preprocesar datos** y **Grabar resultado**, para que se puedan guardar en un archivo los datos renormalizados.

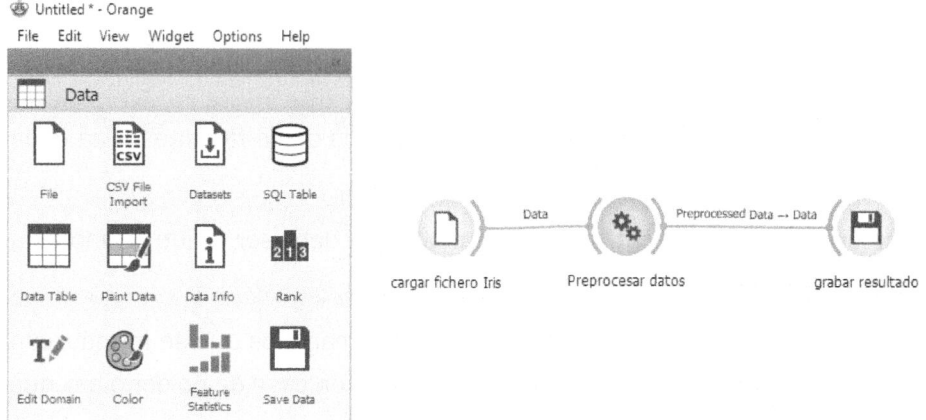

Figura 7.18 Flujo de trabajo para la normalización de datos con Orange.

A través del widget **File** se carga el conjunto de datos **iris**, mientras que, haciendo doble clic en dicho widget, se pueden realizar cambios, denominados preprocesado de la información, antes de analizarlos.

Algunos de estos preprocesamientos consisten en, por ejemplo, discretizar variables continuas o viceversa, imputar datos faltantes, seleccionar características importantes o aleatorias en los datos o realizar un análisis de componentes principales (PCA).

En este caso clicaremos en el apartado de **Normalización**, donde se realizarán los cinco tipos de normalización que permite Orange, que son los siguientes:

- **Estándar.** Se toman la media y la desviación estándar y se normalizan los datos de forma que la media pase a ser $\mu = 0$ y la desviación estándar $\sigma^2 = 1$.

- **Centrada.** Se toma la media y se normalizan los datos haciendo que la media sea igual a 0.

- **Escalada.** Se toma la varianza y se normalizan los datos conforme a esta y haciendo que la varianza sea igual a 1.

- **Normalizada al intervalo [-1,1].** Se transforman los datos de manera que el valor máximo sea igual a 1 y el mínimo a -1.

- **Normalizada al intervalo [0,1].** Se transforman los datos de manera que el valor máximo sea igual a 1 y el mínimo igual a 0.

La Figura 7.19 muestra el widget de preprocesamiento de datos en el que, entre otras, se encuentran las opciones relativas a la normalización de datos. Se deja como ejercicio para el lector la realización de las normalizaciones sugeridas, así como la representación gráfica de los conjuntos de datos obtenidos.

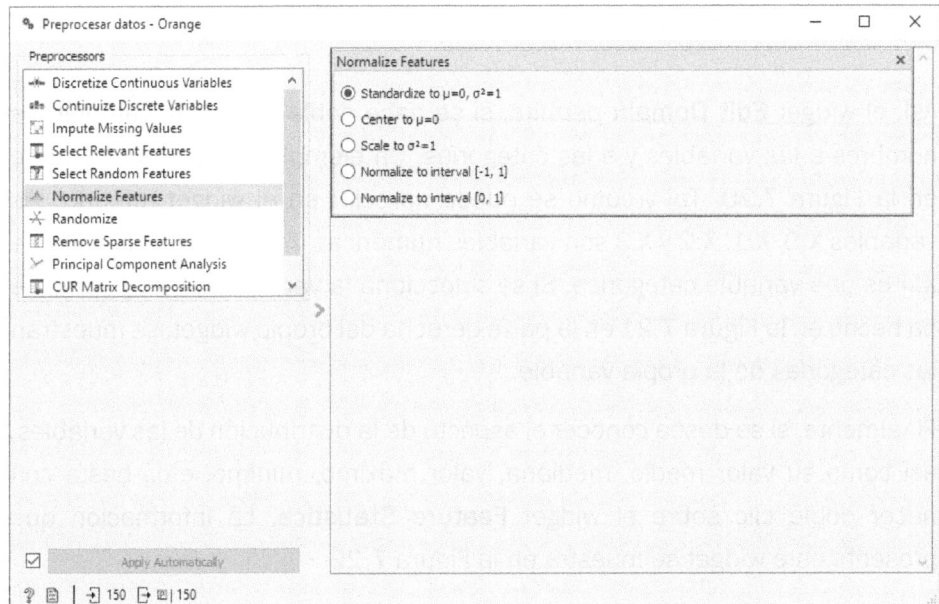

Figura 7.19 Tipos de normalización de datos que permite Orange.

7.6.1. Ejercicio 2

En este ejercicio se importará un fichero en Orange y se inspeccionará con el fin de analizar la información que contiene cada una de las variables. Para ello, se hará uso del formato .csv, cargando ficheros en dicho formato mediante el widget **CSV File Import**. Para este ejercicio se hará uso de un canvas como el que se muestra en la Figura 7.19. En dicho canvas también se añadirá un widget de **Data Table**, otro de **Edit Domain** y un **Feature Statistics**. Todos estos widgets se encuentran en la sección **Data** de Orange. La conexión de todos estos elementos se hace en línea, tal y como se presenta en la Figura 7.20.

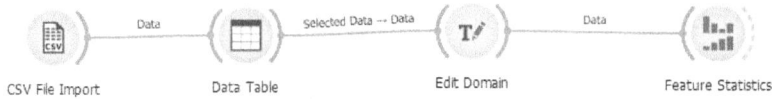

Figura 7.20 Flujo de trabajo para importar ficheros e inspeccionar su aspecto en Orange.

Así, el widget **Edit Domain** permite, si se hace doble clic en él, cambiar los nombres a las variables y a las categorías. Un ejemplo de esto puede verse en la Figura 7.20. Tal y como se puede apreciar en el widget referido, las variables X.0, X.1, X.2 y X.3 son variables numéricas, mientras que la variable X.4 es una variable categórica. Si se selecciona la variable X.4 tal y como se ha hecho en la Figura 7.21 en la parte derecha del propio widget, se muestran las categorías de la propia variable.

Finalmente, si se desea conocer el aspecto de la distribución de las variables, así como su valor medio, mediana, valor máximo, mínimo, etc., basta con hacer doble clic sobre el widget **Feature Statistics**. La información que presenta este widget se muestra en la Figura 7.22.

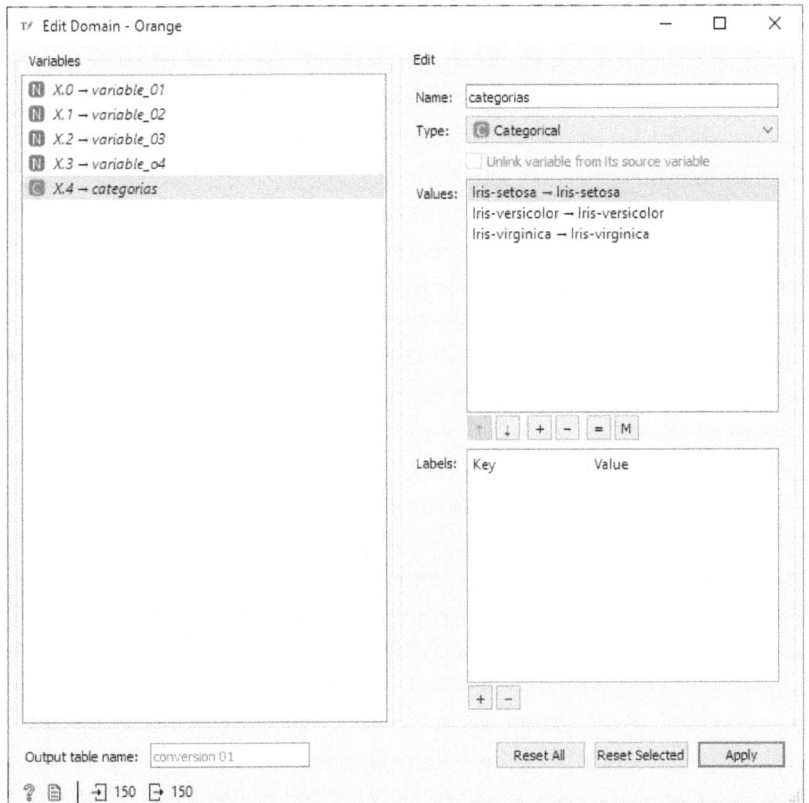

Figura 7.21 Widget Edit Domain.

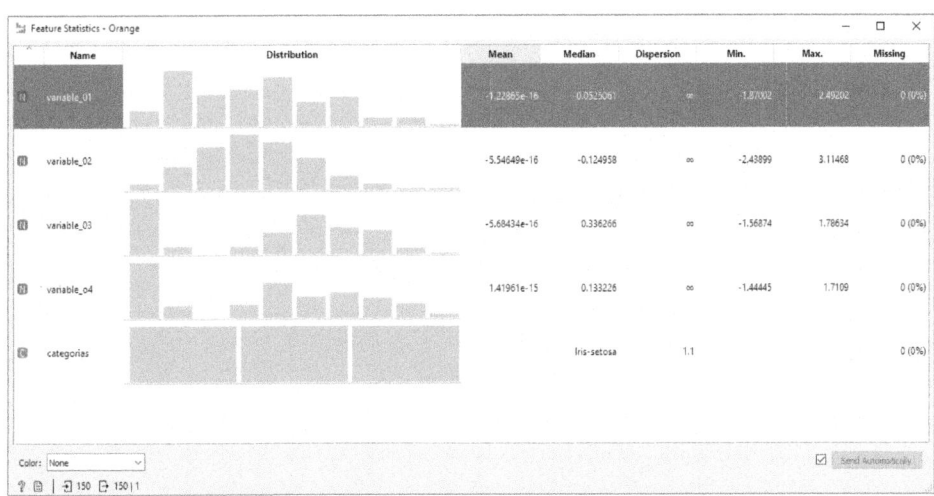

Figura 7.22 Información contenida en el widget Feature Statistics.

REFERENCIAS

Harshine J. C. (2023). *Data mining with WEKA and Orange.* Amazon..

Huyen C. (2023). *Diseño de sistemas de Machine Learning.* Marcombo.

Menéndez García L. A., Sánchez Lasheras F., Rodríguez Muiños C. (2023) *Programación de Inteligencia Artificial.* Marcombo.

Rodríguez Muiños C., Sánchez Lasheras F. (2022) *Modelos de Inteligencia Artificial.* Marcombo.

Russell S., Norvig P. (2020). *Artificial intelligence a modern approach.* Pearson.

Sánchez Lasheras. F., Rodríguez Muiños C., Menéndez García L. A. (2022) *Sistemas de aprendizaje automático.* Marcombo.